U0006304

談判

有效解決紛爭的科學和藝術

A Very Short Introduction

Negotiation

CARRIE MENKEL-MEADOW

凱莉・門凱－梅多
著

林金源
譯

獻給羅伯特，這位擁有五十年解決問題談判經驗的實踐者。

目錄

序言與誌謝

自從人類出現以來，人們就一直在談判，而研究談判是比較新近的事。儘管人們會與自己、夥伴、家人、社群、以及市場中的商人和團體進行談判，然而當較大的群體，像是民族或國家之間彼此在談判時，我們需要倚靠行動和戰略的理論——我們的目標是什麼？為了尋求和平、國家利益和維護外交關係，我們應該運用什麼方法？

談判做為一個專業領域，利用到許多的知識庫：政治科學、心理學、經濟學、歷史、社會學、人類學、法律、賽局理論、決策科學、政策規劃和學習研究；此外還利用到多學科和以經驗為依據的人類行為研究，包括認知、社會和行為心理學，以及經濟學、性別、種族、族裔和階級研究。我們想知道如何在許多背景下成為更有效能的談判者，在談判過程中我們會需要別人來完成我們無法獨自做到的某件事。這不是一本指南書，而是關於如何思考談判及探究其背景複雜性的書。

談判領域的特點是它有不同的架構和理論，這些架構和理論關係到我們的目標是將自己的利益最大化，或者尋求共同的利益以及改善全體。這本書概述了許多不同的方法，讓你能評估在特定背景下什麼是最合理可行的。我認為「一種策略無法全體適用」，而且見識廣博的談判者會選擇適合於談判情勢的目標、架構、戰略和行為，同時思考談判中的其他方也在考慮的事。談判向來是互動和動態的人類過程，但現在可能不只是人類的事，而是人類加上機器。

要將發展數十年的社會科學和數百年的人類經驗，提煉濃縮到一本薄薄的小書中，這不是一件容易的事，但本書應當能讓任何想要學習更多知識的人胃口大開。末尾有適合大眾的閱讀清單，以及能用於規劃談判的附錄。

我從事有關談判的教學和寫作超過四十年，我以孩童、姊姊、妻子、阿姨、律師、教師、顧問、消費者和調停者的身分，與人進行談判的時間甚至更久。我從開始學習談判到後來教授談判，如果沒有以下這些同事、良師和益友，我就不可能成長茁壯：Howard Raiffa、James Sebenius、Michael Wheeler、Roger Fisher、Larry Susskind、Frank Sander、Paul Brest、Deborah Kolb、Alain

Verbeke、Robert Mnookin、Howard Gadlin、Orna Rabinovich-Einy、Amy Cohen、Carol Liebman、Stephanie Smith、Janet Martinez、Michael Palmer、Simon Roberts、Margaret Shaw、Russell Korobkin、Melanie Greenberg、Bea Moulton、Gary Bellow、Joel Lee、Susan Gillig、Mark Spiegel；共同作者：Andrea Kupfer Schneider、Jean Sternlight、Lela Love、Michael Moffitt、Maria Moscati、Christopher Honeyman、Emmanuel Vivet；還有來自世界各地教學相長的夥伴：Kondi Kleinman、Peter Reilly、Clark Freshman、Janis Nelson、Lukasz Rozdeiczer、Letizia Coppo、Rutger Metsch、Ana Silva、Carlos Ruffinelli、Carlos Silva、Ana Carolina Viella Riella 以及群星燦爛的宇宙中的其他明亮恆星。

本書因為有 Naomi Creutzfeldt、Kondi Kleinman 和我最佳的談判夥伴 Robert Meadow 仔細和認真的審閱而更好（和更短）。感謝我的研究助理 Alexandra Cadena、助教 Maria Gonzalez，以及優秀的圖書館員 Dianna Sahhar。非常感謝牛津大學出版社的支持和用心編輯：Andrea Keegan、Jenny Nugee、Luciana

O'Flaherty 和 Imogene Haslam。

但願大家能利用書中學到的東西，談判出好的安排並解決問題。

凱莉·門凱—梅多

寫於加州洛杉磯

第一章

當我們需要別人來完成某件事

試想以下情境：兩個小孩都想吃最後那塊蛋糕。媽媽說會將它對半切開讓兩人分享。還有更好的辦法嗎？你在跳蚤市場上看見一枚古董戒指，賣家的出價高於你願意付的價錢。他說你開車來到這裡所花費的油錢，比這枚戒指還貴，你難道不認為一件可以永久保存的東西，比你用掉的汽油更有價值？你要如何殺價？許多國家想要限制伊朗和北韓核武原料的生產，他們要如何進行多方談判？這些都是我們與別人打交道來獲取自己和他人需要及想要的東西時，所要面對的日常或重大國際談判。

人人都在談判。每當有任何人、夫妻、社群、公司、組織或國家需要別人來完成某件事，就必須談判：與一個或多人達成協議，以便進行無法單獨從事的事情。我們也經常為了要不要做某件事在心裡與自己談判（如果我早上去健身，那麼晚上能不能吃甜點）。因此，談判是一種決策形式——我們會問自己：「在特定情境下，我該怎麼做？」

有時談判被拿來創造新事物：某種關係、條約、新實體、合夥關係、契約

（稱作交易性談判）。有時談判用於解決衝突、解決過去的紛爭或為未來的關係預做準備，包括結束關係，例如英國脫歐（稱作紛爭談判）。政府談判創造出新的法規和規定（法律談判）。我們在家裡、工作場所裡談判，我們在買東西時談判，在想要展開或結束某段關係時談判，在解決與別人之間的問題時談判。

個人會談判，而他們的代表（律師、代理人、中間人、父母親、監護人）也會談判。組織和單位（例如公司、工會、非營利組織、大學）會談判（與其成員和員工進行內部談判，也與他們的委託人、選民、競爭者、供應者和管理者進行外部談判）。國家在許多事務上彼此談判以締結條約，包括經濟關係、環境問題、裁減武器、打擊犯罪的合作以及預防衝突（提供和平解決紛爭的手段以防侵略），或者透過戰後的和平協議來結束衝突。政府與公民或他國政府會進行談判，當然還有在立法機關——議會和政黨，包括州、省和自治區的行政分支部門等進行談判，以及政府單位和分支部門之間的內部談判。簡言之，人們需要與其他人合作來達到自己的目標、求生存和獲得繁榮發展，讓事情在談判之後變得更好。

許多人視談判為產生焦慮的過程，因為不知道最終的結果。也有人認為爭論、說服和尋求一場好交易是件刺激的事。但談判是一個既複雜且有時令人緊張的互動過程，同時也是分析有何風險存在的概念性事物，以及選擇如何行動的行為過程，其中包含出價、提案、爭辯、提問、建議、威脅，提出要求、情報和解決方案。

就定義而言，談判涉及與他人的互動，而分析（將談判的議題概念化）和行為都是進行中的動態工作，必須在處理新情報之前、期間和之後做修正。大多數成功的談判會在契約、條約或合作諒解備忘錄（MoU）中達成某種協議，但有些協議是非正式的。許多談判可能有「重啟」或「權變」（contingency）協議，以便在情況或事實改變時允許重新談判。而如何強制人們、國家和實體組織遵守其協議，這可能涉及進一步的談判、法律行動和其他某些解決紛爭的過程。

傳統的談判概念認為談判往往是一種競爭的過程，每一方都試圖將自己的利益最大化，並假設稀缺的資源（金錢、土地甚或身分）必須被分配（稱作分配性談判，是一種「零和賽局」，亦即在分配時你得到一塊錢或一畝地，我的部分就會減少）。還有傳統的（且懶惰的）談判概念是透過妥協或採取「各讓一步」的解決方案。然而，我們如何思考談判問題（即概念化或談判的「科學」）取決於許多因素：有什麼風險、有哪些當事人、有多少議題、事件背景或談判所在的產業，並決定了我們的行動方式，或可說是談判的「藝術」。

並非所有談判問題都是相同的，而且沒有任何一套分析或行為選擇能適用於全部情況。當各方透過合作達成共同目標時，他們運用的是整合式談判概念和行為。談判提供機會讓事情變得比以前更好——當有一顆檸檬，就把它做成檸檬水或檸檬派（譯注：轉酸為甜，喻指在逆境中積極扭轉頹勢）。

過去幾十年來，談判一向是許多不同學科的研究領域。如今就連學童都知道如何更有效地談判，如何用比較有效、不激烈的方式「運用言語」來預防、處理

圖一　外交談判：鄧小平和柴契爾（圖片來源：Peter Jordan/Alamy Stock Photo）。

或解決衝突。

組成談判的元素為人類促成種種的新程序，以解決人們之間的歧異和問題——調停、建立共識、恢復正義、真理、和解，以及解決問題的法庭和其他混和的程序，提供人們選擇想要如何互動，以便有效地和彼此打交道。

談判作為一門研究學科，已發展出自己的概念、迷因和架構，協助學者和談判者學會如何創造價值或「把餅做大」（在將餅分切成塊之前）、如何「切餅」（如果我喜歡餅上的糖霜，而你喜歡餅本身，那麼我們可以百分之百得到自己想要的東西）、為共同的利益創造新選項和機會，以及學會與未來世代分享。我們時常（但並非總是如此）想要藉由競爭來「獲得最優惠的價格」，然而大多數的談判不只包含一項議題，這代表若能學會有效地交易，你和對方都可以改善談判前的處境。這不必然是「雙贏」局面，卻是「比以前好」的談判。一場好談判的神奇之處在於：能顧及每一方的需求、想要的東西和利益，並盡可能讓我們更有創意地獲得自己想要的結果，同時允許其他方進展順利。

談判內容

談判始於「想要完成什麼事」的心態或觀點，這轉而影響人們決定該如何表現，因此我們必須考慮到不同的談判模式或架構（請注意我不是說「風格」），這是談判的「科學」。我們總會先問：談判中的風險是什麼？我們就何事在進行談判？它是否是一種稀缺資源，或可被分享的東西？從談判中能否出現新事物（例如一七八七年的美國憲法）？有多少個議題要談判？誰是談判的參與者？有多少個參與者？何時需要達成協議？（現在？能否等候新情報出現？）在何地進行談判？（不同司法系統有不同的法規？鄉間的避靜地或是有敵意的法庭？）最重要的是，我們為何談判？我們是否在買賣東西、創制法律或新實體、結束戰爭、開始／結束生意或個人關係？我們能否藉由談判來解決問題？

對於必定發生的談判來說，這些是在決定如何行動之前所做的分析。除了競爭或合作之外，還有許多選擇——「混和的」談判模式，而且有時得做出隨之而來的選擇。

我們也要探討談判在某些更廣泛層面的基本概念：如何「架構」一場談判以及一開始就影響談判的提案；如何分析「可能協議區」（ZOPA）；如何將談判分析置於其他可能性的脈絡中（談判之內和之外的替代方案，稱作BATNA、

WATNA、ATNA和MLATNA——亦即談判協議的最佳、最壞、全部和最可能的替代方案）。我們不僅藉由評估談判結果來判斷談判是否「成功」，也會評估其過程，亦即是如何達成這個結果，還有是否有更好的方式來達成這個結果？

談判不盡然全都相同。要當心那些告訴你「不計代價要贏」、「任何事都可以談判！」、「各讓一步」、「如何與俄國人／中國人／法國人／美國人談判」、「如何與世界上任何地方的任何人談判何任事」等等的書籍。談判有不同的類型、規模、情境和產業。談判的背景是重要的，主題、產業、環境、資料、慣例、各方的歷史以及他們彼此之間（還有與談判之外的其他人）的關係，如何影響可能或想要達成的結果？我們是否需要前例或宣傳？我們想不想要保密談判（行業秘密、個人隱私、保密協議）？有多少方參與？參與方是否設法要創造、保有、改變或脫離某種關係？談判者的地位、性別、種族、階級、年齡或職業，與他們的所思所為是否有關聯？談判是談判方親自出席，還是透過電話、書面、即時訊息、電子郵件或在 Zoom 上進行？談判是同步或非同步？

經過分析後，我們上到談判「桌」（實體或虛擬的）。我們應該說什麼或做什麼？競爭（competing）、妥協（compromising）、協同合作（cooperating）或配合合作（collaborating），這些談判行為的 4 C 有何不同？我們來看看談判策略（整體計畫）和戰術（特定行為對策）的典型困境。應該如何設定目標、誰應該先出價或提案、應不應該使用議程、需要做什麼研究、如何評估別人告訴我們的事（如何信任和證實）、如何發展有創意的方案來解決看似棘手的問題、何時做出讓步，以及如何應付對手可能使出的競爭「花招」或威嚇策略？所有這些行為選擇應該因應某個目的，並與特定談判的計畫和目標保持一致性。

行為選擇無法一體適用或無中生有，必然和談判背景以及與他方實際交手之前所做的分析有關。當然，一旦談判者採取行動和做出某事，另一方會有所反應，此時就必須考慮接下來的行動。試想一下棋局，下棋時有無限可能的棋步，一來一往都需要做出反應和重新思考，並在心中抱有明確的目標。我們思考有效

分析（架構）…→背景…→行為＝過程…→結果

然後：進行評估

益的反應、對抗手段和介入方式，這些不只包含談判的「科學」，還包含談判的「藝術」。

即便有最好的意圖和行動，許多談判還是失敗了。為什麼？社會和認知心理學以及行為經濟學的現代研究能幫助我們瞭解，為何各方在已經找到妥協的情況下，卻往往未能達成協議？大多數人在接收和處理情報（如同以色列裔美籍心理學家丹尼爾．康納曼〔Daniel Kahneman〕所說：想得「太快或太慢」）、與別人溝通、瞭解自己和別人（什麼是「合理的」；情緒如何促進和妨礙有成效的談判？）以及不假思索地做出反應時，常會做出錯誤的判斷。我們如何「修正」常見的試探性錯誤？其中一個答案是尋求幫助——利用第三方調停者或談判專家、代理人、中間人或律師來推進談判和「抵消雜音」。現代談判理論與實務能糾正許多處理方式的錯誤。我們能為彼此的互動發展出基本原則、設定議程、一同搜尋情報和資料、創造任務性團體，然後決定明確的表決和決策規則。

儘管大多數人認為談判是雙方在撞頭或握手，但現今的實情是，大多數談判不只涉及兩方，例如個人傷害索賠背後的保險公司或政府機構、任何雙方契約紛爭、任何區域性貿易協定，或所有環保條約背後的律師、合併與收購談判中的公司員工，以及任何離婚訴訟中的家庭成員。在兩方的談判中，當雙方同意時便達成協議，但如果有第三方呢？當其中兩方同意並排擠掉第三方時，這樣是否有協議？在不只有兩方的談判中，談判的複雜度增加，當需要全體來達成協議時，會多出其他需要考慮的問題，例如聯合形式、否決權和拒不退讓。

在締結條約、與社群和政府談判，或解決全部的訴訟要求時，可能需要什麼不同的方法、策略、表決和判定結果的規則？誰先開始？要先從朋友中尋求盟友，或者投向那些假裝是朋友但其實是敵人的人？在複雜的談判中，諸如有原則的合理行動、法規、實際的討價還價、交換和妥協、情感的、道德的、意識形態和宗教信仰，全都可能出現在談判中，要如何結合不同類型的談判過程？我們需要同時處理大腦（理智）、胃（交換我們「賴以維生」的東西）以及心（道德、情感和價值觀）。

如果在任何談判中達成協議，如何能確保各方會履行自己的承諾？在握手結束會談後，接下來就得開始解決新問題，這是十分常見的情況。契約和條約的執行涉及法律標準和規定，而這些標準和規定可能會因問題和不同司法系統而有所差異。我們必須瞭解在不同背景下執行協議的法律問題，也必須瞭解如何透過好的監督和重新協商或解決紛爭的條款，來確保維持成功的談判。

當我們在思考是否能相信被告知的事情時，所有談判者都必須考慮到自己和對方的道德責任與義務。我們信任誰？正式的法律為契約、侵權行為和欺騙／不實陳述提供了答案，但還有人性、道德和更大的倫理問題，這些問題沒有簡單的答案，而且取決於每個談判者的道德羅盤。道德哲學家表示，我們不應該「和魔鬼討價還價」，而談判理論家和實踐者則提出建議，教導我們探測信任和事實陳述的真偽。

身為談判者，是否應該為自己的工作負責？是否要對任何談判協議中不在場的人所造成的影響負責（像是離婚談判中的小孩、環境或和平談判中的未來世代）？在談判中，何時應該以和平與結束衝突為目標，何時應該以更難捉摸的正義為目標？為了人類的共存而必須在道德上或政治上進行談判（甚至是妥協）能算是軟弱的表現嗎？

本書對一個浩翰領域做簡短介紹，以思考它能夠（或應該）適用的談判過程作為結束。透過現代國際關係、環境、商業和經濟議題中的實例，可以想一想好的談判實務如何幫助我們應對氣候變遷、世界和平、健康、安全、遷移以及人類所面臨的其他問題。我們選擇的談判架構（分配性或有創意的整合性問題解決）會影響人們的行為，從而產生得到的結果。

第二章

談判架構：為了自己贏或為大家解決問題？

現代談判理論與實務在分析談判時，常假定兩個截然不同的概念架構，通常描述為(a)分配—對抗—競爭的談判或(b)整合—合作—問題解決的談判。這兩種架構都假設某人可以預先處理談判，無論談判的內容是什麼，或談判方是誰。事實上，談判架構不只兩種，取決於其中的資源／風險是什麼、談判方是誰，還有其他各種背景因素，這些能幫助我們在談判中選擇實質的目標與合適的行為。

談判的「科學」就是，在我們選擇行為之前，首先必須對情況進行認知分析，提出諸如以下的問題：(1)資源是否可分割、可分享或稀缺？(2)談判方是否彼此認識，還有他們是「老手」或是「只上場一次」？(3)有多少方在場？(4)涉及多少個議題？

我們依據上述這些問題的答案，來探討四種不同的談判取向，接下來才能考慮配合談判背景的合適行為，亦即談判的「藝術」（分別包括策略（計畫）和戰術（個人行為對策）），同時也要考慮對方可能的想法和做法。

這些架構可以簡單地被描述和說明（如表一）：⑴分配—對抗—競爭的架構，當談判中的資源有限和必須分配時（例如金錢、土地）；⑵整合的問題解決架構，在此架構下會分享或擴大資源，創造新的安排與解決方案，讓每一方都獲益，通常會共享情報；⑶維持妥協或合作的關係（談判方的關係可能比獲得實質結果更重要，例如家庭、職場、商業關係、政體以及外交結盟）；⑷混合的架構，當中的談判背景讓某個問題得以解決，以及資源得以擴大，接著必須進行分配（在創造出資源或新的解決方案後，擴大的「餅」仍須被分配）。

•架構1　傳統談判概念：分配性或對抗性談判模式

許多談判理論與實務可以從它們被發展出來的過往時代精神中探查。競爭或分配性談判，其背後概念源自第二次世大戰和冷戰期間發展出來的賽局理論，用來幫助制定應對侵略行為的決策，通常缺乏直接溝通的工具。這對於法律談判、

表一　談判架構

目標	模式	行為	結果
I 贏 （將個人獲益最大化）	對抗性分配／競爭	• 競爭性或立場性辯論 • 爭執／勸說 • 隱藏情報 • 要求 • 威脅 • 欺騙 • 幾乎不讓步	• 贏／輸 • 僵局 • 各讓一步
II 問題解決 （將共同獲益最大化）	整合性問題解決 有原則的 基於利益和需求	• 合作的 • 提問 • 提出建議／出價 • 傾聽 • 探索需求／利益 • 創造新的解決方案／構想 • 腦力激盪 • 尋求交換互補的利益和需求 • 運用客觀的準則、理性、原則 • 有好奇心	• 有創意的解決方案 • 擴大的議題和機會 • 權變協議
III 妥協—合作 （關係維持）	適應性分享	• 合作 • 屈服 • 做出讓步	• 妥協 • 各讓一步
IV 分配創造出來的資源／解決方案	混合的	• 創造，然後提出要求 • 交換 • 重新考慮	•「帕雷托最適」分享獲益 • 權變協議 • 已解決的問題

（源自並擴展於 C. Menkel-Meadow, L. Love, A. Schneider, and M. Moffitt, *Dispute Resolution: Beyond the Adversary Model*, 3rd edn 2019, Wolters Kluwer, at 78）。

廣告、行銷、銷售以及一般社會生活中「贏—輸」比喻的運用，都產生重大的影響。因此，「架構」或「迷因」對於理解在不同背景下何時和如何引發不同的行為，顯得尤為重要。對於那些將談判視為競爭活動的人來說，當描述談判過程和應該如何表現時，會使用大量關於運動、戰爭、比賽和奮鬥的比喻。

對許多人而言，尤其商業和法律界人士，對談判的預設態度是視之為競爭，其目標是將個人獲益最大化（低買高賣）。像這樣在談判中將獲益最大化，或者想要「贏」的心態衍生出一連串的假定，進而採用特定的行為，於是時常產生有限的結果。這些假定對某些談判來說可能是合適的，例如簡單的雙方模式、關於價格的單一議題談判。這種簡單的模式往往具有誤導性，因為即使簡單的價格談判，也時常涉及其他議題（和其他方），使得目標和行為選擇變得複雜。

個人極大化目標中的常見假設，包含談判者應該隱藏自己的真實偏好（因為一旦暴露便會導致被另一方剝削利用），因此常出現欺詐、誇大或誤述。抱持這種心態的談判者認為自己能影響結果，好讓結果對自己有利，他們透過先提高要

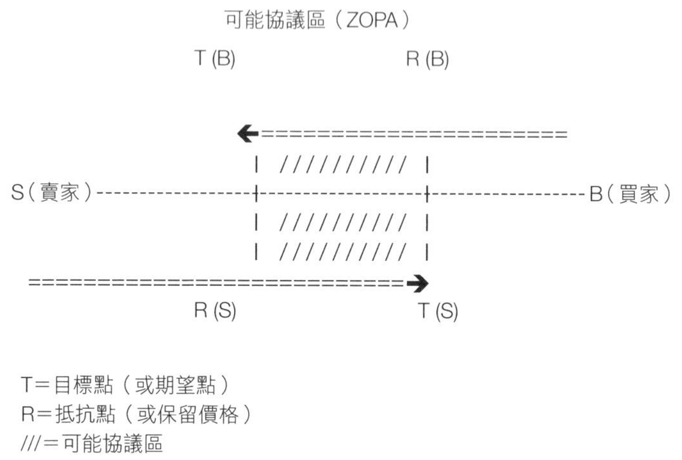

圖二　可能協議區

求，然後利用積極的說服力和計畫中的有限度讓步，使結果接近自己期望的目標。

我們可以用一個簡單例子來定義和描繪典型的談判概念（圖二）。分配或對抗的談判結構是線性的。S是一方（假定為賣家），B是另一方（假定為買家）。S有一個目標價格（或期望程度，亦即他想要達到的高價T（S））以及抵抗點（或保留價格R（S）），或「底線」，也就是他願意勉強接受且仍出售該物品的最低價。另一邊是B（買家），他同樣有一個目標價格（較低的價格T〔B〕）和保留價格（雖然較高，但B願意支付來購買該物品，R〔B〕）。

雙方將結束談判，並在可能達成協議的空間內交易，該區域涵蓋了可接受的價格範圍內彼此價值觀重疊之處。留意圖二中目標點與抵抗點之間有相當大的協議空間。他們如何分配自己願意接受的價格，被稱作「剩餘價值的分配」，這裡有足夠空間來討論可能商定的價格。競爭—對抗模式暗示雙方在不透露最終決定的情況下出價，而成功的談判者會更接近自身的目標價格、更遠離抵抗點。

看看以下這個例子：作家愛麗絲有一部原稿要出售，她想得到一萬美元的預付金和全部銷售額百分十五的版稅（價格）。她正在和哥倫比亞出版公司談判，而他們只出價五千美元的預付金和百分之十的版稅。雙方（或他們的代理人／律師）會彼此爭論，來證明他們的出價是合理的（出版公司說這是一般行情，而作者則提出她投入的努力和預估的銷售量），最終他們將達成協議或是沒有達成協議。如果將此視為一個單一議題談判（價格），最常見的情況是雙方在可能協議區內達成協議，得到接近於「各讓一步」的結果，意思是兩個出價的折衷點——七千五百美元預付金和百分之十二點五的版稅，可以寫成如底下的公式：

$$\frac{O(1)(\text{甲方的出價}) + o(2)(\text{乙方的出價})}{2} = \text{結果}$$

（出價之間的中間點）

傳統的分配談判模式因此建議，作者應該提出更高的要求（提高她的期望度），如此一來折衷的最終協議將更接近她希望達成的目標。但目標太高（超過出版公司能給的「權限」）的風險是，出版公司可能乾脆放棄（否則該談判會產生僵局）。理想的情況下，一個好的談判者會做研究，瞭解習慣性定價，並準備好有效論點來證明自己為何是更出色的作者、更努力工作或者應該得到更多。她也會因為與其他出版公司洽談而受益（我們稱之為ATNAs，亦即發展談判協議的替代方案），由此幫助自己決定是否繼續談判，或找尋別的出版合作夥伴。

羅傑·費雪（Roger Fisher）、威廉·尤瑞（William Ury）和

布魯斯．巴頓（Bruce Patton）在他們的著作《哈佛這樣教談判力：增強優勢、談出利多人和的好結果》（*Getting to YES: Negotiating Agreement Without Giving In*，一九八三）一書中創造出這個重要用語和概念：BATNA（談判協議的最佳替代方案），以了解何時該退出特定的談判，或是為正在進行的談判創造更好的替代方案。我們談判時會想知道談判的ATNAs（特定談判的所有可能替代方案）、WATNAs（談判協議的最壞替代方案——可能會因為缺乏更好的協議，而繼續留在這次特定的談判中），或者最有用的MLATNA（此次談判協議最有可能的替代方案）；而事實上，所有出版公司通常會開出的一般行情是否真的存在？最實際可接受的出價是多少？

請注意，即便這是一個「簡單的」單一議題、雙方分配的談判，但其實並非如此簡單。該價格至少由兩個部分組成：預付金和版稅（隨著時間視銷售情況而定）；這兩個價格可以進行交易（提高預付金、降低版稅率，或降低預付金、提高版稅率），而且取決於雙方對目前尚未完全知曉之事的評估——銷售的不確定性以及他們的風險承受能力。他們可以同意在一開始設定價格（預付金），然後根據後續的銷售情況進行版稅評估或調整（權變協議）。

幾乎任何的購買（例如家具）實際上都有以下組成部分：提供折扣給全額以現金支付的買家，或者給總價較高但每月支付較低還款的買家提供零利率貸款。如果這位作家後來證明自己能像《哈利波特》（*Harry Potter*）的作者J．K．羅琳（J. K. Rowling）那般成功，出版公司肯定想要維持合約關係，因而可能願意從較大的分母（銷售量）中得到較小的百分比。雙方將建立何種關係的這個問題始終在討論中。如果作家愛麗絲是下一個羅琳，那麼就會有其他議題要考慮：電影和產品權——現在或是之後進行談判。無論是書籍手稿或家具，都會有關於時間、成本和權利轉讓模式的交付問題。

因此，針對傳統的建議，像是追求高目標、不透露真正偏好、提出要求或強烈主張，以及在價格談判中做出小幅度的讓步（對假定的有限資源進行分配），這些在真正有稀缺資源或單次談判的少數情況下可能有效果，但大多數的談判實際上都涉及了更多議題和更多參與方。

將「價格」談判視為僅與「價格」有關，往往是錯誤的想法，除非標的物是明顯可從多個賣家那裡取得的商品。想一想價格如何概念化——如果買得多（數量作為第二個議題），商品單價可能會發生變化，也就是說如果大量採購某商品，單價可能會下降。再想想於任何的價格談判中，品質如何成為一個議題。作家愛麗絲難道會不在乎她原稿的編輯品質（或對編輯的掌控）？正如出版公司也想要確保一些績效衡量（品質、出版時機等等）。

要決定在談判中應採取何種適當的方法，必須先提出以下問題：

1、風險何在（涉及了什麼事物，例如金錢等有限資源，或者可分享的項目）？
2、談判有多少個議題？
3、談判方是誰、有多少個（n＝2, n＞2）以及他們是個人或群體或實體？
4、談判方重視什麼（金錢、關係、愛、和平、長期獲利）？

5、談判方是否有此次談判之外的關係（僅此一次的銷售、潛在的長期關係，例如供應鏈契約、雇用、撫養子女、需要監視履行情況的訴訟和解、外交結盟）？

6、談判方是直接談判？還是透過與其利益有關（名聲、報償、獎勵、潛在的利益衝突）的代理人、中間人、代表、律師、外交人員？

在新冠疫情期間的一個案例，讓人看到信奉「強硬態度」的談判手段如何招致了反效果。二〇二〇年春季，當染疫人數達到頂點時，美國政府開始與製藥大廠輝瑞（Pfizer）以及其他生產疫苗的公司展開談判。儘管輝瑞已經與美國政府達成一筆一億劑疫苗的交易（足夠讓五千萬人接種），但美國政府拒絕了輝瑞想要銷售更多疫苗的提議，這時早期的疫苗實驗已經顯現積極的成效。

輝瑞是唯一一家沒有接受政府補助的藥廠，因此可以不遵守某些政府規範。輝瑞要求美國政府啟動《國防生產法》（Defense Production Act），這將有助於加快製藥過程和供應鏈周轉。美國政府拒絕了，並開始向其他藥廠洽尋疫苗（這麼做並沒有錯，美國政府藉由尋求其他交易來增進其BATNA——談判協議的最佳替代方案）。然而，在任何談判中可能發生的情況是，新的事實創造了更加動態的局面。輝瑞疫苗是最早被證實有效的新冠疫苗，因此輝瑞能銷售許多疫苗給歐洲國家，而美國政府試圖以較低的價格和其他公司進行交易。後來，當美國政府想要購買更多輝瑞疫苗時，輝瑞已經承諾將疫苗供應給其他國家。某位談判評論者說：

競爭的心態和缺乏遠見，似乎讓代表政府的談判者對輝瑞採取強硬態度，卻沒有注意到供應短缺的早期警訊以及合作解決問題，只專注於回收投資，似乎分散了白宮決策者的注意力，因而沒有做必須做的一切事情，好讓輝瑞能全速生產疫苗……「贏—輸」談判可能使官員忽略了盡可能拯救更多人命的責任。

想一想單一價格分配型談判的那些變化。美國知名籃球員瑞吉·傑克森（Reggie Jackson）正在進行轉換球隊的談判。他雖然擁有最高得分記錄，但已年歲漸長，未來的成績不明。他的經紀人提出很高的條件，然而他想去的球隊以低價回應。經紀人相信這位明星球員能吸引許多球迷到他的新球隊，因此提出了新球隊能接受的固定薪資，加上「門票收入利潤」——超過去年入場觀眾人數的門票銷售額百分比（假設較多的觀眾人數可歸因於瑞吉・傑克森）。後來這筆交易順利成交，所有的人都感到滿意。傑克森確實吸引了額外的許多球迷，球隊的利潤提升，增加的售票數讓雙方都獲益，將一個簡單的單一薪資談判，變成以價值和風險的不同評估為基礎的「權變」（contingent）協議。這種對簡單的價格談判所做的變化調整，如今在其他許多談判中也十分常見（例如，演員、導演和他們的律師從電影、運動賽事、商品銷售〔佣金〕、商業租賃〔購物中心零售銷售的利潤〕等方面獲得銷售額的百分比，以及與工作成果有關的佣金比例，像是不動產服務費、書籍著作，還有在美國訴訟中的律師勝訴酬金）。

其他被認為是分配型談判但不一定是稀缺資源的例子包含土地或空間。在大衛營和平會談中，埃及與以色列達成相互外交承認的協議，其中西奈沙漠是一個備受爭議的議題。埃及的西奈沙漠在一九六七年的「六日戰爭」中被以色列占領。對埃及而言，該議題是主權問題（和保全面子的問題——在輸掉戰爭後取回自己的土地）；對以色列而言，他們關心的是安全問題——預防未來的入侵。對於沒有明顯地理分界線的沙漠地塊來說，典型的「各讓一步」妥協方案（有時用於邊境領土紛爭）並不是很有效。取而代之的是這片土地被「非軍事化」，埃及雖擁有「所有權」，但不許駐軍，其安全監控大部分由第三方（美國）提供資金。更多方的加入（無論是站在調停立場，或參與雙方談判）能增加解決方案與資源，並且可以用假定中有限的解決方案來改變談判的過程。

在另一種形式的稀缺中，兩位電影明星貝蒂．蜜勒（Bette Midler）和莎莉．朗（Shelley Long）以及他們的經紀人，為了爭取某部電影《悍妞萬里追》〔*Outrageous Fortune*〕，一九八七）演員表中領銜主演的位置而起爭執。看板上方的位置似乎是一種稀缺資源，結果這個談判破裂了。我在洛杉磯的電影廣告看板發現貝蒂．蜜勒的名字在最上方；後來搭飛機到紐約時，看見莎莉．朗的名字在時代廣場的廣告看板最上面，想像一下此時我有多驚訝。一些聰明的談判者將美國分成兩半：貝蒂．蜜勒（出身夏威夷州）在密西西比河以西的電影廣告中放在最前面，而莎莉．朗（因電視影集《歡樂酒店》〔*Cheers*〕中所飾演的角色而打開知名度，場景位於波士頓）則是在密西西比河以東的廣告中位於首位。

現在看看所有電影的片尾名單、歌劇和芭蕾舞節目單，看看空間如何重新設計（由左到右、由右到左、由上至下、由下到上，以及用更多不同的關鍵字，例如「主演」、「聯合」或「特別演出」），由此發想更有創意的答案來回答「誰是領銜」的問題。

關於數目、空間、實質和非實質的分配論點，未必最適合用來為分配問題或競爭性主張進行分析。在蘇聯與美國的裁減核武談判（一九六二至六三年）中，由於對核武生產地點的「審查」次數存在爭議而破局，卻沒有釐清「審查」的實質內容是什麼，或者由誰來進行審查（現在與北韓和伊朗的核武談判中，這個問題被重新討論）。

將傳統的分配型對抗思維用於所有談判的危險在於，大多數的談判不只關係到數目，還涉及其他議題，無論明顯或潛在的，因此目前的協議往往會對未來造成影響（一個過於嚴厲的協議可能遭到抵制，或者在其他互動中尋求報復，正如許多人認為凡爾賽條約對於第一次世界大戰的結束所帶來的後果）。最重要的是，傳統思維模式限制了談判結果的可能範圍。舉例來說，在法律問題的談判中，談判方可能認為自己受到法律賦予的約束（或是如果案件被審理時，法庭會下達的命令），這導致我所說的「司法制度有限的補救想像」（可以依據法律規定裁定過去，但極少能替未來的承諾提供補救），這不同於一個能為各方提供更多解決方案（過去和未來）的談判協議，因為人們構思出對自己最好的方式（只要不違反法律）。

當各方在進行交易談判時（銷售、交易、組織或實體的創建或合併），人們會受限於傳統的「成交要點」（deal points）或合約中照本宣科的條款，而這些可能不適用於特定交易。一位美國大牌電影明星在歐洲拍片期間，要求提供一輛凱迪拉克 Escalade 大型休旅車給他，因為在他用來參考的其他競爭電影明星的合約中，這是「標準」條款。他成功談妥這個條件，然而電影是在一個歐洲小村莊拍攝，由於那輛車實在過於龐大，所以根本無法開上路。

在符合情況時，傳統是適用的，但談判應該依據在特定問題中想達成的結果來量身定做。我們必須透過背景觀點來解讀一般理論，以達成更理想的解決方案。的確，與其希望藉由「縮減議題」來達成協議，其實更好的做法往往是擴大和增加議題，如此便能交換議題，創造出更多可能的條件和協議。

•架構 2　整合性談判

——為各方解決問題（但不必然是「贏—贏」局面）

冷戰後，在期盼和平與發展經濟生產力的整合氛圍下，談判被重新概念化為「協調所有參與方的共同利益問題」。隱喻和基礎學科被擴大。談判理論家和實踐者利用二十世紀初的多學科思想家瑪麗・帕克・傅麗特（Mary Parker Follett，她接受過社會工作、歷史、行政科學、勞動關係、早期組織發展和商業訓練）的作品，發展出更廣泛的取向來解決談判中的問題。瑪麗・帕克・傅麗特認為衝突有三種取向架構：支配、妥協和整合。她在一連串的例子中證明，至少有某些衝突或「摩擦」可以更有創意地被用來解決問題。

有天她正在圖書館研讀時，一陣冷風吹進來。她想要關上附近的窗戶，但她的鄰座覺得館內空氣流通不足，希望窗戶是打開的。傅麗特於是走到隔壁房間並打開那邊的窗戶，如此一來空氣就能流通又不直接吹向她。（沒錯，這麼做可能對隔壁房間的人造成問題——解決一個問題後，可能在別處創造問題，從而形成一個「外在」的新問題。）

在另一個似乎可分配項目的談判中，傅麗特提出的基本原理——瞭解各方的真正偏好，證明無論資源有多「稀缺」，都能更有效地（和有效率地）被分享。有兩個姊妹為了一顆柳橙爭吵；弟弟和我為了最後一塊巧克力蛋糕吵架。媽媽做為調停者或仲裁者，她告訴我們將柳橙或蛋糕切成兩半，就能好好地分享（她建議公平原則：其中一個人負責切，另一個人做選擇）。然而兩姊妹說出了心裡話，我和弟弟也談過了，當詢問各方真正想要什麼時，有時會發現各方重視不同的東西，所以可能的解決之道不只有「切分柳橙／巧克力蛋糕」。

聰明的媽媽會詢問每一方想要什麼，結果得知其中一個姊妹想要柳橙汁，另一個想要柳橙皮的料理；我喜歡蛋糕上的糖霜，弟弟則是喜歡蛋糕體，不過在說到胡蘿蔔蛋糕時，我們的偏好正好相反，我喜歡蛋糕體，而弟弟喜歡糖霜；因此背景很重要，這是我們在現實生活中最接近「贏—贏」的局面（大多數的現實生活問題都不是雙贏局面），藉由不同的分割方式，讓雙方都得到想要之物的百分之百，而非百分之五十。此處的教訓以及整合性問題解決談判的基本工具是「詢問」——在假定資源稀缺或類似的利益之前，先找出各方真正的偏好。傅麗特用另一個比喻來說明她的分析——琴弓和小提琴的「摩擦」產生音樂；如果知道如何運用，衝突便能具有生產力。

一九八〇年代，新一代談判理論家開始提出不同的談判問題：不是我們該如何擊敗對方、占對方便宜或者「贏」和「對抗」對方，而是各方想要做什麼（買—賣、簽訂和平條約、解決訴訟、談判子女監護權、保護地球），以及我們能否找到方法，讓雙方／各方獲得一些利益，或者像我喜歡說的——談判後獲得比談判前更好的成果。不一定要「雙贏」，而是將檸檬製成檸檬水（如果存在激烈衝突），或是如果正在談判創造新事物（交易性談判），就做成檸檬派。因此，仔細思索不同的策略，整合各方的需求和利益，以達成共同獲利的可能性。

整合性談判模式需要分析談判中有什麼風險（或者未來可能有何風險），然後將可能的解決方案或結果概念化。我們不假定有某種事物（金錢或土地）需要分配，而是考慮其他可能的解決方案。

試想下列的問題（由史丹佛工程師詹姆士·亞當斯〔James Adams〕提出）。以下是排成三列的九個點。試著用四條直線一筆畫將全部的點連起來，而且筆不離開紙。如果你遇到困難，那是因為你「看見」了一個不存在的方框（或框架、有限的空間、某種專業典範〔professional paradigm〕），解決方法就是跳出框架外思考。這些直線必須從方框「之外」畫起。現在試著只用三條直線連接這些點。

這道題目的解決方法是「跳出框架外」思考，這個框架事實上是語言或視覺上「假定」的框架，或有限的空間。一旦我們「看」到框外，就能從框外的任何起點畫四條直線，而且能從幾個不同的方向開始畫。三條直線的問題也假設了語言和空間上不變的定義——這些直線穿過點來連接它們，並沒有假設必須穿過點的「中心」來連接它們。

這類型的謎題是設計用來讓人們瞭解，我們能跨出平常的專業範疇（以及真實和想像中的「空間」）之外，去看見解決問題的其他辦法。我們應該認真看待指示（畫線）或各方的需求和利益，然後試著「將它們合在一起」（加以整

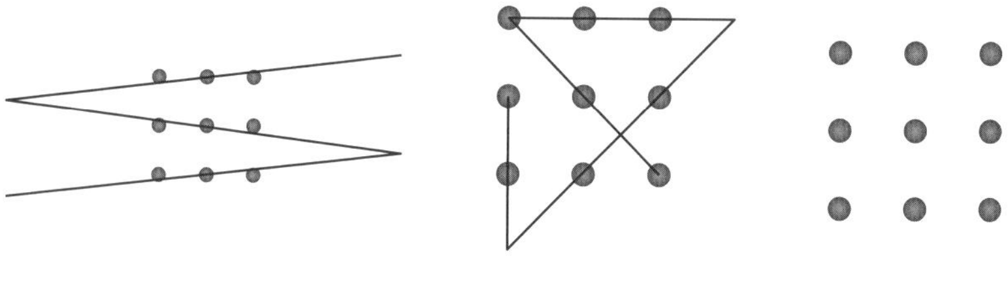

合），而非將它們分開或分割來解決問題。因此，整合性談判需要在與「另一方」有任何形式的接觸之前，先進行思考和計畫。

在每個談判中，一開始永遠都要問：各方在談判中真正的需求、利益、目的、最終目標是什麼？他們試圖達成什麼結果？他們談判的是什麼事情？還有誰可能涉入這個紛爭、交易和潛在的議題？各方之間有多少個議題？這些議題可以如何處理（全部一起或個別處理）？各方何時需要完成談判——時間是否至關重要，還是有足夠時間來制定有條件或臨時的解決方案？談判地點設在何處？（這對於流程〔避靜地、面對面、線上、公開或私下〕和實質內容〔在法律紛爭中，談判的司法系統可能攸關不同的法律結果〕都很重要。）談判的結果有其他什麼可能性？（依靠別的專長領域、議題的局外人、其他有創意的解決方案來源。）

簡言之，要考慮新聞工作者的六個基本問題：誰、什麼事、什麼地方、什麼時候、為什麼以及如何，這些都是可能影響談判的所有因素。因素和議題越多，可「交換」的東西越多，會讓談判有更多可能的解決方案。

來看看這個案例：在某件反托拉斯（反競爭）的訴訟中（在美國的集體訴訟），許多藥局一起控告製藥廠聯合壟斷價格。最後以一億多美元達成和解，但隨後遭到一個藥品零售商子公司的反對，他們對法庭批准的和解提起上訴。重新分配和解金對各方來說既耗時且成本高昂，於是有人設計出一個「解決方案」：製藥廠代表原告將大部分和解金存入一個銀行託管帳戶，在上訴懸而未決的期間累積利息，讓製藥廠在那一年可以獲得合法的公司減稅。等到上訴即將被裁決時，已經累積足夠利息來支付額外費用給介入的索賠人，而且可以透過達成全額和解來駁回上訴，讓事情得到完全的解決。

在此利用第三方（銀行）和時間（上訴懸而未決的期間累積利息）來增加可獲得的資源並解決問題，比起法庭判決結果所達成的不愉快「贏—輸」局面，這是一個更有「創意」的談判。現在美國、英國、德國、中國和其他國家的許多法庭，都要求訴訟當事人在上法庭之前，先嘗試談判或調停，在需要法庭依據法律解決分歧之前，試圖以更有創意和比較不兩極化的解決方案平息法律紛爭。

賽局理論家、心理學家、決策科學家，還有現今的談判學者和從業者，以及鼓勵談判來解決問題的其他人，提出了種種更具創意的思考問題解決和談判方法，讓我們在規劃談判的解決方案時，可以運用以下思考過程：類比和隱喻（直接的或想像的）；聚集／分散，也就是重新結合問題的要素；來自其他領域或專業的概念轉換；擴展（延伸推理、原理或解決方案的線，就像上面提到方框之外的連接線）；質疑假定──重新檢視「可行的」項目，拆解老套、傳統的解決方案或想法；避免那些無法滿足各方需求、照本宣科的解決方案；敘述──拓展故事，完整描述事實或議題；倒推式／前推式思考──問題的由來、未來想要的結束狀態、達成該狀態的不同方法；構思──用許多替代方案規劃未來；腦力激盪──不帶任何判斷地隨機產生想法；視覺化──利用不同的能力和思考模式；重新架構──重新思考談判問題的不同「切入點」。

致力於解決問題的談判者會避免採用現成的解決方案，例如談判問題的常規條款。如果大家都「玩相同的遊戲」，很快就會達成常規流程和結果，但可能會產生「浪費的」解決方案（未能探索更多選項來創造更多收益）。顯然，想要取得有關優先事項和事實的充分情報來構思有創意的解決方案，所需的合作可能更花費時間，但達成穩健的解決方案後，其回報會更大。請注意在這種談判策略中，使用「合作」這個用語，代表一起努力好讓雙方（或多方談判中的每一方）能尋求共同利益。這不是談判者要對另一方讓步或「放棄某項事物」以達成協議的「妥協」或「合作」過程，而是設法維護每一方的需求、利益和優先考量，並尋求使共同利益最大化。

• 架構3　妥協、合作或各方關係都很重要時

許多傳統的談判懷著想要「贏」或占另一方便宜，好達到自己的企圖與目標，然而在不少的情況下，更可取的做法是尋求與另一方合作，甚至「放棄某項

事物」」，舉例來說，無論在人、組織、社群或國家之間，為了維持或創造關係就得如此，因為彼此的目標或價值觀不同。研究證明，互相認識的人（朋友、夫妻、同學、家人、工作中遇到的常客）往往不會為了「將利益最大化」而犧牲自己的談判夥伴，此時將「關係」置於任何爭執之前都是合理的。

儘管妥協在道德哲學中意味著放棄更具原則性的價值觀，但事實上，當妥協被用來推動其他重要價值時，它自有其道德價值（例如，政體的治理、關係的維持，將某項事物「給予」更需要的人〔在一些情況下將犧牲視為是「更高的價值」〕），以及在沒有明確的公平分配資源或某種形式的分享原則時，作為一種決策的規則）。

妥協可能適合做為有效的終點，用來結束一個有爭議的分配性談判，當各方為了僵局或各讓一步後的價值差距（發生在汽車、房屋或其他「一次性」銷售）而爭吵不休，此時達成某種協議總比沒有好。在先前的例子裡，如果兩姊妹都真的想要那顆柳橙，或是我弟弟和我都很想得到整塊的巧克力蛋糕，那麼各讓一步的「分享」解決方案，會是指導兒童（以及成人）的好辦法——有時我們的確必須分享稀缺資源。當人們輪流利用資源或承擔義務時，這種共享的議題就會發生變化（例如在水道上築壩攔水、共同監護子女、分套購買公寓、合作社〔分時段使用〕所有權，或是我和丈夫輪流負責晚上的家務，一個人負責煮飯，另一個人負責清潔）。

在政治和國際領域，妥協對於起草立法和締結條約至關重要。「滾木（log rolling，即互投贊成票）」讓各方得以交易不同價值的項目，並將它們列入個別文件中，不然可能無法達成協議（例如，政府批准的不同項目預算）。各方可能為了更重要的原因或關係而尋求包容彼此，尤其當出現了新資料或某方重新進行評估之後，可能會修改的權變協議。包容或妥協的能力自有其道德完善性，因為它承認談判的另一方有他們自己的人性價值觀，而且需要得到認可，是和平協議和新的轉型正義形式中的一個共同特色。

然而，妥協也可能是錯誤或不正當的事（英國首相張伯倫在慕尼黑與希特勒簽下的協定），甚至會造成更多傷害而非造福人群。當兩名女子都聲稱她們是某個孩子的母親時，所羅門王提議「將嬰兒分成兩半」。在這個聖經故事中，孩子真正的母親為了保全嬰兒的性命，放棄爭取她的親生孩子。幸好所羅門王這場著名的審判其實是一個測試，目的是想知道誰重視生命勝過爭奪。在我們具有強烈黨派色彩的政治秩序中，如果想要採取任何政治行動（課稅、收入、貿易、社會福利和其他政策），某些妥協顯然是必要的。為了更重要的生存和維護政體，若沒有某種「有原則的」讓步，便會產生僵局，社會就不可能繁榮發展。

請注意，競爭性的談判策略複製了人類最古老的哲學論辯之一：我們本質上是自私的並且會將利益最大化，我們是否會為了物種（或較小的群體，例如家庭或國家）的全體利益而合作？在談判的選擇中，過於「軟弱」或「強硬」在什麼時候是不適當的？我們何時應該競爭，何時應該合作？我們天生就只有一種行為模式嗎？或者如同心理學家和社會學家所說，環境背景最關鍵？

•架構4　混合模式：創造價值和主張價值；交易、帕雷托最適以及權變協議

許多談判問題在一開始無法藉由分析來顯示為分配性或整合性問題。因為它們是困境、難題或悖論。往往會有其中一方的舉動框架出各方之間的問題，迫使其他方選擇該如何回應，無論是以同樣方式做出回應，或者設法重新框架情況。

談判者能分析風險何在，以及決定在某些情勢下要做什麼，但情勢本身往往比談判者自己做的框架更有延展性，有時候甚至對於可擴大的資源，最終也可能需要進行一些分配。這是「混合的」談判模式，它鼓勵先進行上述的整合性、有創意的過程，然後考慮可能必要的分割或分配。

看一看賽局理論中的囚徒困境。兩名罪犯被逮捕後囚禁於不同牢房，並對他們提出典型的談判交易（依據冷戰的假定，談判時各方之間不存在任何形式的溝通）：「如果你供認不諱，並出面指控同夥（我們需要證據），你的刑期會減輕；

如果你保持緘默，而你的同夥供認，那麼他的刑期會減輕，你的刑期會加重；如果你們兩人都不供認，你們可能完全脫罪而不受罰（如果我們沒有其他證據），但如果你們兩人都供認，你們會判處完整的刑期，這時你會如何選擇？」

如同賽局理論家在無數研究中所證明，若你無法與同夥交談，並且力求較輕的刑期，那麼背叛（或競爭）是「合理的」行為。因為對於你的同夥來說，相同的行為同樣合理，所以你們兩人很有可能最終在監獄裡待上更長的時間。一九六二年的古巴飛彈危機，因為裝設了一支紅色電話而結束這些「戰爭遊戲」，這支電話讓敵對的領導人至少能交談，在啟動核武之前先評估對方的動機和計畫，不像牢房裡的囚徒無法彼此溝通，為雙方的共同利益規劃出最有效的策略。

囚徒困境應用在許多不同的報酬方案和激勵措施，但它是設計用來觀察談判者在不可能進行溝通（或沒有其他情報來源）的情況下，如何出價以及各方如何做出反應。當然，這也取決於他們是否同時或依序做出反應，或者是否事先達成了比目前談判局面更有力的協議（例如「絕不洩密」或「背叛」的緘默誓言），這些也很重要。此處的要點是，日常談判凸顯出首次出價、反應、合作或背叛選擇的困境。這些談判問題帶來了蒐集情報的機會，包括研究、溝通和測試、建立信任和驗證。

在「混合的」局面中，真正的挑戰是，在我們必須規劃分配策略之前，先思考能有效創造和擴展爭議中的事物到多大程度（或許增加談判方，藉以創造更多資源）。看看典型的勞動談判，當有更多議題可供交易時，薪資和工時的爭議變得更加整合化，例如增加就業保障（以及解僱或裁員的程序）和其他社會福利（例如休假天數、子女與家庭照顧，還有關於工作規定、監督、管理、升遷規則、安全以及其他就業條款和條件）。

勞動談判常被視為最具競爭性和「零和」（zero-sum，多給勞工一塊錢，雇主就少了一塊錢），但事實上，當談判桌上有其他議題時，會有更複雜的項目組合可供談判。如果僅涉及兩個議題或兩方，分配性的分割可能難以避免，但隨著議題或談判方的增加，混合的談判模式可以產生更多集體利益。或者，用比

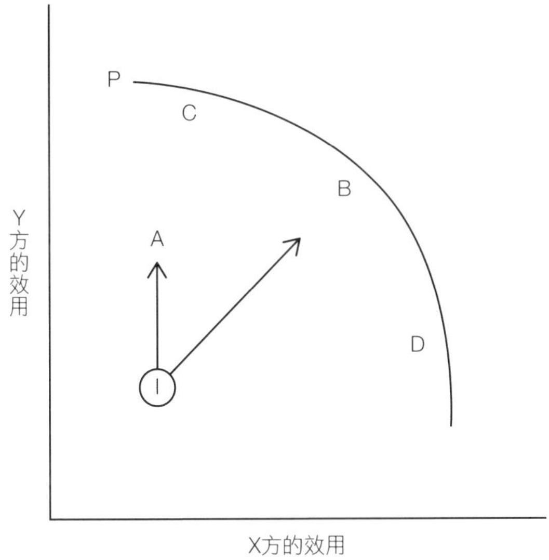

圖三　帕雷托最適。C、B 和 D 代表 X 方與 Y 方的可能協議點。

較經濟學口吻的措辭：更多的帕雷托最適效用（在不進一步傷害其他方的情況下，使每一方盡可能受益），這通常是藉由交易不同價值的項目，辨識出這類型談判的重複層面（圖三）。

勞動談判也揭示了另一個重要面（有時是「混合」談判的問題）：工會成員可能不全然以相同方式重視相同的事，因此委託人——尤其是在集體背景下，在與另一方交涉時，可能必須調和種種的要求。某些談判分析者稱之為「桌後」的談判（與委託人），不同於與另一方在「桌上」的談判，且另一方也有自己的「桌後」談判。

第三章

談判的背景

在每次的談判中，各方都處於某個比他們自身更大範圍的文化、社會群體、身分、位置與處境之中。由於背景各有不同，因此我們無法假設特定的概念模式適用於所有情況。截然不同的變數會影響一個談判如何被架構、實施、詮釋和履行。當中某些因素是情勢的結構面，例如某特定產業的規範和傳統。其他變數包括執行談判的人——權力差異、關係、身分。還有其他的因素（更容易發生變化，或者可能被談判方改變）包括像是進行談判的方式（親自參加、線上）。本章探討了可能影響任何談判所處背景的若干因素。雖然一些談判學者和從業者試圖提出在不同文化中通用的談判過程，但更有可能的情況是，在不同情境下的談判會有不同的結構和過程。

目的與風險

每一個談判都起始於某個目的：試圖達成什麼結果？這個談判是否關於買賣？以市場為基礎的談判，通常有針對不同市場的特別規範與傳統（討價還價的露天市場、受監管的證券市場、農夫市集、藝術品拍賣、商業契約）。與商品市場談判有關的傳統與規範由來已久，跟市場一樣古老，現今能看到寫在石頭和早期紙莎草上的契約的歷史證據。風險較大的談判則有國家之間為了解決衝突或貿易問題的和平條約與協議。

大多數的談判都期望創造某種關係，即便是僅只一次的銷售協議、契約、較長期的創制協議，例如公司和非營利組織的章程或細則，因此還會有許多未來導向的治理議題需要考量，不單只針對價格而已。談判也時常涉及解約——婚姻、合夥關係、公司和僱用，往往會回溯處理或解決過去的錯誤，以及創造未來的參與規則（例如，子女監護權、遣散費、推薦信）。如何將談判視為未來導向或解決過去的紛爭，或涉及補償或處分，會大大影響我們用來與其他方應對的框架。當然，我們永遠要考慮到，某方的目標不可能總是和其他方的目標相同，進行有關於目標和意圖的後設談判可能是向前的必要步驟。談判方有從另一方那裡尋求某種事物（金錢、道歉、處分、賠償、利益、釐清規則和管理方式）的不同動機，所以目標和意圖也與個人的社會和心理需求有關，而且可能與更多的重要目標緊密相干或不相干。

在任何談判中，最重要的一個因素或許是談判的「風險」：談判的資源與材料是什麼？是否有單一銷售項目（一項商品、房地產、資產、公司或股票、服務）的一次性買賣，或具有持續關係（產品的擔保等等）？談判的議題能否被擴大或交易別的東西，或甚至重新定義（考慮「或有付款」或是非軍事化地區）。某個項目最終是否必須被分割？家事法出現子女共同監護權，代表承認子女的生活監護不必然只能授予一位家長，如此一來，子女能在離異父母各自的新家庭裡的生活中受益，而監護權也在家事律師進行有創意的談判後在法律上得到重新確立。新的分時產權概念能經由談判達成土地所有權的各種形式，例如合作社、各戶持有獨立產權的公寓大樓和房屋分租。因此每次談判都需要審視可能的情況，以考慮或許不需要分割或一次付清全款的結果。

主題

與風險緊密相關的是分析談判主題。在某些主題中，例如不動產銷售、公司合併與收購、勞動談判（集體協商）、國際貿易、環境利用、外交和其他，不僅有一些非正式的談判規範，也有正式的法律規定和要求，限制談判者能做的事，還可能針對強制性資訊揭露和法律要求的條款設下某些規定。談判者必須考慮「法律的陰影」，那裡是可能達成協議的空間、談判協議的最佳替代方案和替代方案的所在之處。

用於創造新實體的談判，像是公司、非政府組織或合資公司，在許多方面可能不同於解決爭議性訴訟的談判，或劍拔弩張的和平與外交協議（例如北愛爾蘭復活節協議以及英國脫歐談判）。而某些事情需要專業人員或談判代理人（律師、中間人、撮合者，例如在娛樂事業、運動或外交事務）。

議題的內容

議題內容與數量是所有談判的一個重要因素。擁有較多議題通常比較好，因為議題越多意味著可以進行越多交易，除了價格之外有更多利害關係牽涉其中是更好的。需要考慮的議題內容包括，是否有取決於各方不同需求和目標的短期議題要解決（晚餐時想喝什麼顏色的葡萄酒），或較長期的議題（往後要住在哪個城市）。如果議題非常重要（例如家庭事務、外交議題、法律議題），會創造出先例或影響談判方以外的許多人（想一想環境協議和子孫後代），我們分析談判的方式（誰應該坐上談判桌和持續多久時間），將會與議題比較簡單且只影響少數人的談判很不同。這次先去看我挑選的電影，下次換你想看的（交替協議）。如果不確定這筆交易的價值或其基礎科學是什麼，我們可以先達成一個條件協議（contigent agreement），並在事實發生變化時重新審視我們的做法。

議題受重視的程度是否相同，或者是否可以交易那些我們賦予不同價值的東西？將某些議題分散（分割議題，尋求達成部分協議）是否更好？或者將議題聚集起來，先同意進行重大事項（例如，先形成夥伴關係，成立食物銀行來緩解饑荒問題，然後再思考我們能做什麼，要如何分配取得和分發食物）。

看看成功的英國三明治供應商 Pret a Manger 的例子，他們有一個政策，就是在每天結束時捐贈未售出的食物給有需要的人。然而當該公司進軍美國市場時，卻碰上複雜的健康與安全規定，起初並不允許他們將未售出的食物分送出去。然而當該公司訴諸利他政策，讓各個地方政府可以取得新鮮、未售出的食物後，有些市政當局想出推動該政策的新方法（例如，改變規定，讓食物銀行中間人介入，以及改變稅收分配方式）。Pret a Manger 公司的政策本身是一個「附加」的吸引力，透過給尋常的金融談判增加一個議題，進而擴大商業上的成功。

談判方

典型的談判概念是雙方在談判桌上，或如今透過電話或電腦來討價還價，但實際情況是許多談判中不只有兩方。在複雜的談判中，可能會有主要的當事人，以及他們的代理人、律師、中間人或代表，這些都會使溝通、披露和協議的要求變得更加複雜。在現代的許多談判中（例如一家人要去哪裡度假，幾乎所有的外交談判、商業交易和法律紛爭），都會有許多其他談判方（保險公司、員工或雇主、前配偶、子女、夥伴、鄰居等等）。

多方談判與雙方（兩方）談判有各自不同的邏輯：何時能知道是否達成協議？是全部的談判方都必須同意，還是只須少數幾方同意？聯盟形式、否決和保留，往往需要分別考慮談話的基本程序原則，以及瞭解是否達成協議的決策規則。除此之外，情報議題（完全透明 vs 選擇性情報分享）在多方談判中也複雜得多（參看第六章）。當談判者本身是團體或組織而非個人時，在與其他方進行任何談判之前會先有內部談判。

責任／代理／權威

主要的談判者是否是唯一受到談判影響的人，肯定會影響談判的進行方式。外交官向他們的首相和國人（以及世界上其他人）負責，政府官員和民選官員向他們的選民負責，勞動談判代表向他們的工會負責，律師向委託人負責，公司領導者與企業向股東及員工負責，父母向子女負責，因此每位談判者的分析和行動範圍，可能受到其代表團體的要求所限制。有些談判具備了內建的法律責任，但有些談判可能會因為受談判影響的人感到不滿意而導致改選。當責（Accountability）可以確保某些受規範的談判符合標準，但也會限制特別有創意和獨立的談判者能達成的成果。這被稱為是委託人給予代理人去討價還價的「權力」，而代理人通常受制於他們委託人的指令所約束。

能見度／公開性

任何談判能達成的事，深受談判的公開或保密程度所影響。儘管在談判中運用機密和保密往往很重要，如此各方才能在全世界不知情的情況下分享對自己真正重要的事（為了可能的交易），但許多人主張談判必須要透明公開（尤其是涉及公眾利益和議題的談判）。

美國雷根總統有效地利用公開性（為了他自己），他曾在一九八一年公開宣布，他不會與代表政府航管員罷工的工會進行勞動談判。他說：「如果你明天不來上班，就會被炒魷魚。」一公開展現他正在進行強硬的談判，以免同意加薪的要求。此舉奏效了。沒去上班的航管員遭到解僱（將近一萬兩千名），工會被瓦解，許多人認為雷根沒有辜負他的「硬漢」形象。然而這類公開談判的風險在於可能會產生反效果（如果沒有像雷根這種單方面的權力作為後盾支持），一旦談判沒有退讓空間時，可能會為了「不丟臉」而屈服。

奇異公司的前勞資談判負責人萊繆爾・博額威爾（Lemuel Boulware）倡導一種談判流派（稱作「博額威爾制度」），就是在集體談判中公開提出一個薪資條件，然後拒絕進一步協商，宣布「要就接受，不然拉倒」。這項策略從未在勞資談判中盛行起來，因為我們的文化準則認為，勞資關係應該徹底進行協商，並且預期中會有多重議題和交易（薪資、工時和其他勞動條件）。高風險的勞動、政治和外交談判現今極少公開進行。當它們公開進行時，結果通常不好（看看美國曲棍球、美式足球和籃球運動的集體談判，當中公開宣布的職位造成了僵局和整個球季被取消）。

哲學家和政治學家時常表示，在諸如制定憲法這般重要的政治談判中，透明度有其道德上的必要性，但政治學家喬恩・埃爾斯特（Jon Elster）卻認為，在秘室中談判的美國制憲過程（沒有公開集會，甚至沒有委員會和傳統談判的日常報告），能建構出比法國憲法更健全（有更多的私下妥協）和永續的文件（都是在幾年內進行談判），由於法國制定憲法是在公開審議和每天的「新聞發布會」下進行，這迫使談判方進入比較僵固且無法退避的處境，因為他們的選民正在看著他們。

自願／強制的談判

談判方是否都是自願透過談判來確認交易或解決紛爭，或者他們被困在強制性談判中，限制了他們所能做的事？我們通常以為交易性談判「比較容易」，因為參與方更加自願——我們坐下來和某人達成一項對我們有好處的交易（希望對對方也有好處），如果沒有，就運用談判協議最佳替代方案，或者如果我們不喜對方開出的條件，就運用談判協議的替代方案脫身。相反的，在美國的刑事司法體系中，大多數案件藉由認罪協商來解決（檢察官和辯護律師針對罪名或量刑談判出來的協議），而且每件罪行的刑罰通常是已知的，所以這種談判感覺起來是有限和強制的。

看看另一個「被迫」談判的例子：人質和恐怖主義談判。當挾持人質者、海盜或恐怖分子抓住人（或脅持極貴重的資產項目），並要求贖金或其他「讓步」

時，政府、家人和私人公司可能不得不進行談判。為了設法防止和抑制這類行動，美國時常聲明：「我們不與挾持人質者談判！」事實上，美國政府曾進行人質釋放的談判（伊朗，一九八〇年），而且現在的公司往往會替被挾持的員工或財產購買贖金保險。表明「我們絕不談判」，不是一件特別可信的事，而且這類談判尤其困難。

如今地方和國家（紐約市警察局和美國聯邦調查局設有人質談判的專責單位）以及國際上（因海盜和綁架行為專門設立的保險公司）已發展出大量的專門知識。對於談判專家而言，這種專門的談判形式能教導我們多少技巧，讓我們運用在其他談判背景下，這是一個有趣的議題。某些人質談判者認為，這類談判的目標完全不同於其他談判形式（只拯救性命，不解決任何大問題），也有其他人表示，只要認真傾聽其他方（挾持人質者），找出他們真正需要／想要的東西（金錢、認可、名聲、換俘、政治目標），那麼某些談判工具是適用於所有背景的。

時機、最後期限和權變談判

談判會因其速度和結果的需求，或在較長時間中進行的能力而有所不同。許多人認為，「最終期限」是談判在漫長過程中邁向結局的重要因素。其中有個著名的例子：調停北愛爾蘭「耶穌受難日協議」（Good Friday Agreement，一九九八年）的美國政治人物喬治・米契爾（George Mitchell）說，他要在復活節當天搭飛機回家，迎接他新生的孩子，而且不再回來（他利用這件事請求談判者考慮一下，如果大家在某個和平方案上達成一致的意見，能拯救許多北愛爾蘭的新生兒；最終他辦到了），歷經兩年令人挫折的跨大西洋談判，終於定下最後期限。

談判時機的兩個重要概念顯示，當存在「造成危害的僵局」，談判方再也無法忍受死亡、傷害或損失的痛苦時，他們最終會上談判桌。造成危害的僵局有時可能被創造或操縱（以好的方式），使各方看清某個造成問題的局面，讓他們明白此時進行談判的「時機已成熟」。有些人認為，紛爭和交易不必然像水果那樣，僅僅一兩天就會成熟，而是會有不只一次的時機特別適合進行談判以及解決問題。有人甚至進一步表示，許多談判（以巴衝突、南非種族隔離政策的結束、族裔不公平問題）可能需要歷經好幾個世代漫長、複雜的談判，涉及許多方且需要權變協議，這些協議可能隨著形勢演變而需要重新考量。

律師談判者都知道，許多法律紛爭和訴訟會隨著法院的步調而解決，因為審理的最後期限終將使各方清楚聚焦在自己主張的是非曲直的法律依據上，並擔心不利的（贏—輸）法庭決議結果。在最後一刻談判出解決方案是否為明智之舉，我們不得而知。

談判中無法更動的最終期限往往能激發最後一刻的讓步或妥協，但最終的定局還是必須權衡談判後協議的品質和可持續性，這可能需要花費更多時間（和成本），以確保所有問題都得到考慮周全的處理。

談判的慣例或獨特性

有些談判十分頻繁地發生，所以或許有關於價格、退還瑕疵商品或提供委託人服務的談判模式。這類談判近來有一個實例，常被用於「線上紛爭解決機制」（online dispute resolution，ODR）。eBay 公司長年利用線上紛爭解決談判（處理客訴、退貨和退款），宣稱目前每年處理超過六千萬件紛爭。如今 Amazon、航空公司和許多客服公司都提供處理客訴與瑕疵商品的快速談判，透過和線上客服人員進行對話式訊息交流與非同步協商，以及更有效的演算法來提供服務（例如，「如果顧客一年消費超過五百美元，而具爭議的金額不及五十美元，就直接退還要求的金額」）。

儘管批評者擔心，這種談判形式幾乎沒有機會創造價值和最佳的創意解決方案，但它處理快速，通常便宜不費力，而且可以為投訴對象提供一些回饋。諷刺的是，在這種重複的例行性談判中，感覺遭受蔑視的顧客，可藉由在社群媒體的評等網站上公開貼文抱怨，給提供服務或產品者差評，進而增加自己的談判力量。我將這種公開貼文或羞辱的過程稱為一種新形態的「集體訴訟」，名為「去找 Yelp（Getting to Yelp）」（Yelp 是一個社群媒體網站，用於評價餐廳、旅館、醫師、零售商和產品以及服務等，「去找 Yelp」取「達成協議」〔Getting to Yes〕的諧音）。「例行」談判已經變成一種公開羞辱的活動，通常能迅速解決問題（以談判協商的退款結果做為刪除負評的回報）。

與例行性談判截然不同的是十分複雜且僅此一次的談判（伊朗和北韓的核武談判、英國脫歐），可供其運用的傳統談判架構可能少之又少，但幾乎所有一次性外交談判者還是會利用類似的情況和歷史經驗。高風險的一次性談判的關鍵，在於從相似的談判中學到東西，但無法獲得太多。不是每一次與敵人的談判都像張伯倫與希特勒在慕尼黑的談判（造成某些外交談判者不情願做出任何讓步），也不是每一次的談判都像一九六二年的古巴飛彈危機（甘迺迪總統發出強硬的威脅後，赫魯雪夫便「打了退堂鼓」）。

權力／槓桿作用

話題轉到進行談判的人，我們來說說談判最令人不安的要素之一——權力。當談判文獻大多假設雙方的談判能力在某種程度上具有平等性時，我們如何處理權力失衡問題（國家、組織和個人）？權力意味著你有能力叫別人去做你想要他們做的事。槓桿作用是「凌駕於」某人，讓他們按照你的意願行事，例如利用威脅（或實際使用武力和暴力）、提供資源或扣留付款、訴諸合法權威（例如，法律站在我「這邊」，包括家長、雇主的權威）、交易，甚至是善意和慷慨。

傳統權力概念的批評者認為，在談判中應該思考「賦予權力」——即指雙方或多方一起去做他們無法單獨完成的事情的能力。談判會增加資源、想法或人員來完成事情，從而創造出權力，因此權力往往與談判本身有關，而非談判各方的永久特性。其他人認為權力有時是一種「感知到的」權力，可以透過許多方式來操縱或改變，例如讓其他人和盟友加入、在別處找尋資源、制定正式流程規則以避免受到利用，以及專注於權力較少者能提供給權力較多者的價值。

分析實際的權力稟賦是必要的——誰真正從某種局面中獲得利益／損失、看似權力較弱的人（例如兒童）如何創造更多權力（持續哭鬧）、還有哪些可以進行交涉的各方，以及非常重要的：何時能從吃虧的局面中脫身（如果可能的話）？

個人特性／身分／文化：性別、人種、階級、族裔和其他

在我們現今的世界，許多事情是因身分而構成，一部分身分是別人看得見的

（性別、人種、族裔、體型、年齡、能力，以及某些階級，有時包括宗教），其他部分的身分比較不明顯（性取向、職業，有時包括宗教、教育、家庭和社會地位）。當我們在對別人做假設時，如何處理這些「可見的」和比較不明顯的屬性，以及別人可能對我們所做的假設，這是現代談判中的重要要素。

我們可以想成是對別人呈現自己的「外在」特性，同時也呈現自己的「內在」想法（比起基於可見的刻板印象，更具描述性、複雜且更多形容），就像我們在想像對方的特性一樣。（我長得矮，不再年輕，是白種女性，但我也是一名談判專家──別人如何看待我？我如何呈現我自己？）當中的某些特性可以被「管理」或操縱，而其他特性比較不易改變。我們應該全都坐下來以避免體型差異，還是我們應該透過 Zoom 或藉由電子郵件、電話來進行談判？

大量研究談判的文獻探索女性是否在競爭性談判中「容易被打敗」、較不成功，或者在談判中能更有效解決問題，然而，這些研究並未有定論。儘管有研究記錄了談判結果和談判風格中的許多性別差異，但這些研究大多數是在實驗室的環境下進行（在商學院或大學心理系）。

近來的某研究顯示，美國一所頂尖商學院，在川普當選總統後，男性於模擬談判中更具侵略性，但實際上卻比該項目計畫中的女性獲得更差結果。女性被建議，要忽略關於女性在競爭性談判中所謂的「軟弱」假設，運用她們較擅長的問題解決與合作技巧，或者運用各種「對策和轉變」來處理談判中的明顯偏見和比較隱微的性別歧視。

研究已經證明，與許多身分因素一樣，情境可能更加重要——代表他人行事而不只是為自己行事的專業女性（律師、政治人物、經紀人），與擔任類似角色的男性沒有什麼不同，因為教育和專業角色（領導者、法官、醫師、科學家）取代了性別，成為顯著的特性。然而，對於許多被認為與假設的典型談判者（中年白種男性）不同的人來說，「刻板印象的束縛」仍然存在。

在許多談判中，因性別而受到關注的一切，當涉及人種、族裔和階級時，問題甚至更嚴重。一項嚴謹的研究（不同人種的談判者做為同一款汽車的可能購買者）證明，黑人男性和女性在購買汽車時，汽車經銷商的出價較高，甚至在線上談判和購物（例如Uber計程車、Airbnb訂房），也會依據商品或服務的購買者的照片或名字而提供不同價格。對於財務狀況或談判經歷的許多假設，往往是刻板印象思維下的產物，這可能對於做出這些假設的人和受到該思維影響的受害者造成極大傷害。然而，當人們認為這些假設正在發揮作用時，想要知道該採取什麼行動仍是一項挑戰（勇敢面對、轉移注意力、忽視，或者可能的話利用代理人和共同談判者）。

大量文獻也提到，如果我們精通談判中複雜的文化差異，那麼「我們可以在任何地方與任何人談判任何事」，這些文化差異的應對策略能處理：迂迴的文化（斯堪的那維亞、亞洲）、階級文化vs平等文化（亞洲vs美國）、拘謹文化（德國、日本）vs不拘禮節的文化（美國）、以及需要先交換禮物或建立長期關係和信任（中國所謂的「關係」）才能完成實際工作的文化。建議對此還描述了對於最後期限和時機、權威、共識等的理解差異，以及一個協議何時才是真正的協議、何時直接要求情報是否會得到尊重。

另外，在做好準備的過程中，盡可能地去瞭解談判對手是必要的，包括其國籍、文化和教育程度。另一方面，在全球化世界裡，任何一個談判者都不可能完全順應這些文化刻板印象，尤其當存在比較混合的教育背景、遷徙形態、不同職業和不同談判形勢時，所有這一切都可能修改任何靜態的文化概念。若依據文化假設來行事，由此做出相對應的實質空間、接觸方式和權力鏈的假設，這是危險的。在現代世界中，談判者必須非常謹慎地意識到：談判者往往會說好幾種語言，而且可能明白某些人所想的事是私下和應保密的事。

如果你正在閱讀本書，那麼你正成為不斷發展的國際文化的一部分——這個文化越來越精通談判的概念和行為，因此在任何談判中，「國際談判文化」比起其他特定文化是更顯著的「文化」。

個人特性／人格

無論情勢如何，人終歸是人，而且在任何互動中都有一個問題，就是如何與他人產生連繫。人們是否都有一個「預設的」人格？我們的人格會如何與對手互動？一連串的心理學研究設法想要確定：在衝突的情況下如何與他人互動。湯瑪斯—基爾曼衝突解決模型（Thomas–Kilmann Mode，源自組織發展），將人分成五種行為模式——競爭者、順從者（或適應者）、妥協者、迴避者和合作者，是根據對自我（果斷自信）或他人（有同情心／同理心）關心的程度來進行分類（圖四）。

認識自我和思考自己在任何情況下可能做的事，以及盡可能設法瞭解自己的對手，這些永遠是必要的，但形勢可能造成任何人的不同行為。因此，一直將自己或對手想成是競爭者或合作者，對事情可能並無幫助，儘管許多談判專家傾向

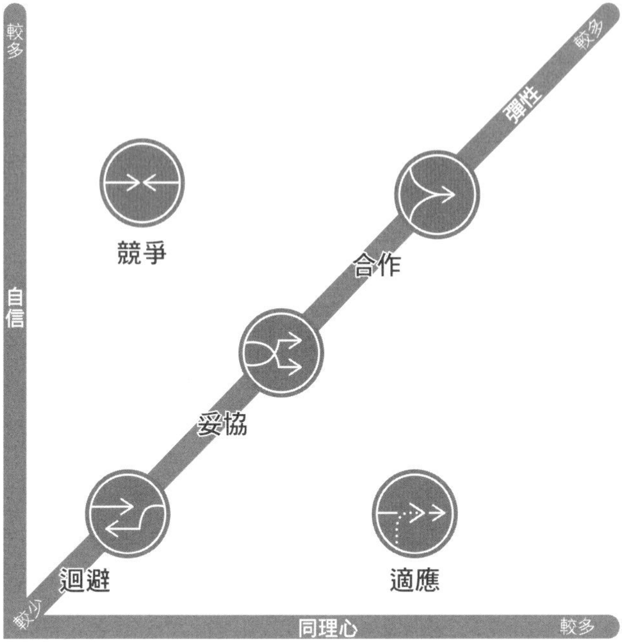

圖四　行為模式（來源：Andrea Kupfer Schneider and David Kupfer, *Smart and Savvy: Negotiation Strategies in Academia*〔2017〕）。

運用此方式來架構談判。

雖然羅傑・費雪和威廉・尤瑞力勸談判者「將人與問題分開」，專注在談判的本質上，但往往真實的情況是：人正是問題的所在，而且我們會需要處理不同的人、情緒和有問題的人格。越來越多的文獻在探討談判中的情緒以及「進行艱難的對話」，這些有助於談判者處理事實、偏好、價值觀、身分、責任分配和情緒上的差異。想一想冷戰期間的談判，當時蘇聯領導人赫魯雪夫如何用他的鞋子猛敲聯合國的講台；在談派中表現憤怒、異議和敵意的舉動是可以而且時常被用於談判（以獲取籌碼、吸引注意力、彰顯權力或只是為了結束談判）。

無論談判的規劃、準備和執行多麼的理性，老練的談判者總是會做好準備，並思考對「不理性」行為做出有效的反應（例如暫時休息、冷靜要求詳細闡述重要之事、要求替換另一位談判者、仔細和專注地聆聽其他談判者的真正需求、不予還擊，或任何能讓談判持續下去的其他策略，如果這是想要的結果）。不論如何，我們必須做好退席的準備，或者在極端情況下做好防衛、審判或戰爭的準備。

關係——長期、短期或介於兩者之間的關係

每一個談判都能呈現出談判方思考的關係類型。他們是否已處於長期的關係（家人、事業夥伴、供應商和生產商、盟友、雇主—員工），或者他們是否正考慮建立長期的關係——友誼、合夥、聯合、新的事業夥伴，談判本身可能決定了雙方關係的走向。該談判是否真的僅此一次、買賣雙方的局面、被強迫的關係、不可能改變的競爭或敵意關係？

想一想那些存在時間變化空隙裡的關係：可能想要完全分開，但必須繼續在一起照顧孩子的離婚夫妻、隨著時間的推移而解散事業的夥伴、可能行得通或行不通的新創企業。若關係本身是一個可協商的議題，並且可能隨著談判的進展而發生變化時，哪些風險、擔保、保證和關係條款能成為談判的一部分呢？

談判的媒介：面對面或線上？同步或非同步？

我們認知的談判往往是各方面對面坐在桌前，現今稱為「面對面」或「人對人」（person to person，P2P），這讓我們想到的是同時以及引導、解釋和回應的同步溝通。在如今更現代的通訊科技、全球化、橫跨許多時區的談判，以及因應疫情在家工作和隔離的時代，越來越多的談判是透過同步或非同步的技術來進行——藉由電子郵件、電子契約和客服。

談判的模式或媒介已經變成影響談判進行的主要因素。線上紛爭解決機制被廣泛吹捧為能提供更多司法的管道，因為爭議人（一般百姓彼此之間，或是對政府或企業實體提出投訴的消費者）可以使用申訴表格、提出要求和論點，不僅能獲得訊息，並且在回應之前有時間思考。

現代科技使談判變得容易進行（節省差旅成本，不需要完全移動，可以取得許多資料來源），但也可能對其他人造成妨礙（不上網的人、某些失能或無障礙問題，以及缺乏使用電腦的知識）。然而，權力強大者（大公司和政府當局）能利用這些技術來聚合談判並藉由演算法進行決策，使談判和決策更有效率，但這對其他人來說則顯得僵化且不具個人特色。什麼是線上協議或正義？

即使在比較傳統的談判場合，談判如何進行依舊是需要思考的重點——在辦公室？那麼是在誰的辦公室，你的或我的？在鄉間的避靜之地，有沒有房間進行個別的（幹部）會議，如果存在多個談判方，要不要提供食物或供酒（想一想文化差異）？正式或非正式？誰在會議桌上有座位（利害關係人）？誰在何時可以發言（遵守基本規則或自由發言）？是否會有溝通的書面記錄？誰來擔任抄寫者和記錄者？

談判沒有簡單的處方可依循，一旦選擇做某件事就會產生某個結果，但不考慮這些問題的談判者，可能會被思考了這些問題並做出規劃的人打敗。

談判的替代方案

最後，在這種形勢下我有哪些選擇？我是否必須與這一方談判？我還能在何處達成我的目標？除了我正在做的事，我的「最佳」替代方案是什麼？如果我留在這裡，可能發生的最壞情況是什麼？如果我不留在這裡繼續談判，可能發生的最壞情況是什麼？我是否必須現在就談判，或者會有更好的時機？之後會有其他的談判方加入嗎？如果現在不談判和達成可能的協議，接下來該怎麼辦？

第四章

談判中的行為選擇：該做什麼和為什麼？

選擇行為：框架、背景和目的

在分析過談判是怎麼一回事後，現在該來到談判桌上（電腦或手機）並採取行動。本章聚焦在大多數談判的各個階段，探討談判中行為選擇的策略、手段和技巧，提出先前曾探討過的情境差異中的行為選擇問題，並確認對典型的談判困境如何進行策略性思考和反應的方法，包括欺壓型談判學派的權力遊戲和齷齪戰術。

背景、談判方和形勢能產生不同的行為模式。談判中的所有行為過程最終都是動態和相關聯的——我們選擇做某件事，「他們」選擇做某件事，然後我們做出反應。在談判行為中，最好記得：決不說決不，也決不說永遠。本書附錄提供了有用的工具——制定計畫，協助所有談判者在任何談判中思考和「編寫」不同的對策。

任何談判中都有三個重要階段需要思考：規劃「前置談判」（之前）、進行談判（期間）和履行協議（之後）。並非所有的談判都按照這個時間序順利進展，但思考這些階段有助於制定計畫。

前置談判：制定計畫

目標、目的——我想要什麼，他們想要什麼？當我們實際遇到並與其他方溝通時，情況可能會改變。如果我們是談判代理人，例如律師或中間人，我們會先與委託人面談：「你想要什麼？」或者「你希望看到什麼結果？」這些問題有助於談判者思考自己試圖達成的最終狀態，並鼓勵我們開始思考替代方案。然而這會有過度承諾的風險（有時我會加上修飾語，「在理想世界中」你希望看見什麼結果？），但至少讓人開始思考理想狀態、目標和價值，並建立一個評估所有提案的基準。設定目標有助於確認合適的策略（分配性問題：我想要金錢、報復、收益最大化、可能的合作，或更全面的價值創造、概念分享、更加混合的方法）。

我們必須記得，談判總是涉及另一方：「他們想要什麼？」在我的課堂上，我時常要求學生先針對部分的課程與我進行談判。他們總是聚焦在自己想要的東西（較少的書面報告、較高的分數、較少的作業），並且以對自己有利的方式架構提議和論點。極少有學生會問：「教授，你想要什麼？」這顯示了談判中最重要的一項課題：為他方著想；每位談判者都必須考慮其他方想要的東西。聰明的學生會和我說，如果我需要批改的作業變少，我的工作量就會減輕。

研究——關於談判背景，我們需要知道什麼？我們可以探索的產業規範、法律問題、有關其他各方的事實，以及其他可能的交易或結果是什麼？關於我們自己和自身的處境，我們還需要知道什麼事？試想一下去看醫生的狀況，首先要做體檢，述說我們感覺如何，還有哪裡會痛，然後醫生可能要求做一些檢驗，像是驗血、照X光或其他先進的成像技術，進一步弄清楚「問題」可能是什麼，至此才會接著考慮怎樣的治療或解決方案可能奏效。同樣的，進行研究可以得知在可談判的局面中所涉及的事物，然後考慮可能發生的情況。有哪些可使用的選項？有什麼可能的法律救濟或可能的交易？

制定／創造可能的解決方案——在與其他方交談之前，我們甚至已經開始進行腦力激盪，創造和想像各種可能的結果，開始「架構」自己想要的東西、我們認為對方可能想要的東西，然後思考能吸引對方的選項和方法。

過程的規劃和設計——我們應該事先思考如何進行談判：親自出席、透過媒介、有多少個談判方、「會議桌」的形式、在誰的辦公室或其他地點、正式或非正式場合、與會規則，例如保密的基本規定、如何與媒體交涉（若這是需要負責任和透明度的國家或國際談判）、會議時數、記錄方式、開會的持續時間和次數、議程規劃。

編寫腳本——區分策略（達成目標的整體計畫）和戰術（用來實現目標的行為），盡可能地想像談判期間可能發生的事。談判計畫（附錄）和表二能幫助我們在談判桌上做好安排，以及事先想好要說的話、其他方可能會說的話或會做的事，思考我們可能會有的反應或對抗手段。編寫腳本能幫助制定計畫，但我們永遠需要保持彈性、謹慎和判斷以適應變化。事情很少完全按計畫發展，然而如果沒有計畫，就可能不知道事情的走向。

進行談判：談判期間

「預做準備」和介紹——與對手的第一次交手是重要的。「我們是誰？他們是誰？」」這可以為權力落差、文化差異、外貌特徵、人口統計、專業或就業狀態的認知與操縱奠定基礎。姓名、頭銜、服裝和座位安排，全都是可能影響談判實

表二　依架構安排的談判階段和時期

<table>
<tr><td colspan="2">

I. 前置談判：制定計畫

- 與自己或當事人面談——目標、目的、意圖、利益、需求是什麼？
- 分析——風險何在？材料？談判方？（第二章）
- 研究——需要什麼情報？事實、產業、其他方、法律、「比較」
- 我想要的最終狀態是什麼？我期望這一切如何結束？——具體規劃結果和目標，具體來說：創造和規劃可能的解決方案
- 設計——談判場所：親自參與、線上、由誰出席、桌子形式、商務場所或僻靜的環境、基本規則、編寫腳本、注意計畫的張力和靈活度

</td></tr>
<tr><td colspan="2">

II. 進行談判：談判期間

- 介紹——我們是誰？我們如何識別／看待彼此？「預做準備」。
- 議題設定——問題和程序規則
- 情報交換

</td></tr>
<tr><td>

傳統——分配性
率先出價／提出要求
討價還價／讓步
戰術——爭辯、轉向
操縱
說服——發言
對抗策略／手段
找尋可能達成協議的空間——縮小問題
達成協議

</td><td>

整合性／解決問題
提案／搭配方案
腦力激盪、交易
問題、情報分享
聆聽、好奇心、原則
回應／對抗手段
同理心
創造解決方案和結果
協議——條件協議？

</td></tr>
<tr><td colspan="2">

III. 達成協議後：履行與持續貫徹
確認協議條款——起草協議
共同起草協議
指定執行條款——付款條件、時間的應變計畫
紛爭解決條款
評估——我學到了什麼？
後續行動；履行、關聯

</td></tr>
</table>

際進行的非實質問題。看似無害的開場或介紹可能非常重要：社交距離、握手、點頭、鞠躬、擁抱、親吻、自我描述或特徵。談判者視自己的地位為平等的或支配者？開口第一句話是否設定了合作或競爭的調性？談判者居於什麼樣的角色或地位？我稱這些是談判的「預做準備」：在最初的會面時學到了什麼？是否友善、讓人精神為之一振、還是引起強烈好奇心，或是策畫要占主導地位？

看看卓別林（Charlie Chaplin）的電影《大獨裁者》（*The Great Dictator*，一九四〇）的劇情，片中諧擬的希特勒角色利用家具讓墨索里尼的角色比他小很多。同樣重要的是，在談判之前應該仔細規劃和思考出價、提議、論點和讓步，介紹自己和查詢關於對方的事也應如此。

議題設定——在任何層級的談判中，富有成效的最好辦法是：一開始就建立明確的議程項目。沒有任何一個談判只與價格有關，我們要事先考慮到談判中其他可能的風險，像是付款的時間和方式、運送成本、數量與品質、風險／保險分配、保固和擔保。每一方都關切的議題是什麼？盡可能事先詳細說明一切，這可以預防一種非常危險的談判策略（「蠶食」、「低價策略」或「撤回」），就是在協議達成後，某一方才說：「噢，還有一件事，我們無法同意，除非我們也有……。」這利用了一種假設：藉由談判過程的沉沒成本（sunk costs）以及對達成協議的承諾，某方可以在最後一刻強迫另一方讓步以保住協議。

可以肯定的是，幾乎每一個談判中：「在對整個協議取得一致意見之前，我們不會達成最終協議。」大多數談判涉及多個議題，甚至存在著重要的聯動議題，因此我們應該當心，儘管對於特定問題達成了有順序的協議，但在處理完議程上的所有議題之前，沒有任何一個議題應該被視為終於塵埃落定。由於過程中可能會獲知新情報，此時或許必須修改議程，但這應該要明確地進行，並獲得所有談判方的認可。

情報交換——關於情報的蒐尋，應該要做到多詳盡？談判方可能同意事先交換文件、情報、想法、提議和潛在條款（例如訴訟時，在審理之前的蒐證階段，或交易談判中提出的「協議摘要表」），或者在談判過程中他們可能臨時提出的問題（這可能是誠實以對的或是操縱性的）。一般來說，在實際進行談判之前，思考自己、其他方或談判以外的人需要什麼情報，這麼做很有幫助，而舉行專門的會議用來交換情報，讓情報可以被處理、解讀和驗證，也是有助益的做法。

談判中的情報可能是關於談判方的事實、產業、背景、談判方的偏好，包括對特定項目的評估以及對價值和結果的預測或看法（例如評估訴訟的審理結果，或交易的潛在收益）。擬定與情報相關的策略是很重要的，這包括訊息披露和風險的計算。

有些情報依法必須透露給其他方（例如財產狀況、債券或併購的財務訊息、誠實陳述以免因詐欺而使合約無效）。有些情報可在公有領域取得，因此加以隱匿是危險的事。還有許多情報是可以在網路上取得，舉例來說，像是房產價值、舊有的法律案件、公司財務訊息、新聞報導、人物和企業的名聲評比，甚至某些私人訊息，因為人們在社群媒體上會透露越來越多關於自己的事。有些情報可以透過法院傳票、私人徵信或其他方的披露而取得（例如曾與談判夥伴交涉過的人）。

如果有分享情報的明確協議，需要在大多數談判中交換情報，那麼談判方必須思考：自己想要知道別人的什麼事，同時仔細考慮會透露關於自己的什麼事。此時各方之間的關係尤其重要。在談判中建立新實體、事業夥伴關係或婚姻時，想想看分享關於合作的好處和潛在風險的誠實情報，有多麼重要。在談判中甚至可能需要透露某項有害的情報，並對此進行描述與解釋，以預防別人利用它來對付你。

在要求和接收情報時必須知道該情報是否可靠，才能藉由詢問你已經知道答案的問題（但其他方不知道你已知曉）來「埋設信任地雷」。有時最好的辦法是提出一個非常開放式的問題：「你能不能告訴我關於……。」有時用非常直接的封閉式問題（能準確地證實答案為是或否）。傳統新聞記者會用的問題在此全都派得上用場，使用「誰？什麼？何處？何時？為何？如何？」的問題來詢問談判形勢和各方的要素，有助於確認什麼是真正重要的，以及什麼是誠實分享的情報。

如果談判方想要獲得滿意的協議，就必須知道彼此分享的情報是否可靠。像這種問出我們已經知道答案的問題的測試法，並非萬無一失。我們可能無法憑藉一個好答案或壞答案就準確得知其他方的全部情報，但這是評估對方是否可靠的一個方法。老練的談判者知道如何轉移或迴避這類詢問，他們的因應方式是：提出自己的問題而不回答問題、回答部分或回答另一個（未被提出的）問題；因此，想要獲得更多情報的關鍵就是必須堅持並記錄重要的詢問。在任何談判過程中，事實、情報甚至是談判偏好都可能發生變化，所以不停地重新思考交換的情報並進行更新（有些是應法律要求），這是非常有用的做法。

率先出價／要求／提議／配套——這是發生極大衝突的領域。有人說：「務必要率先出價，開高價，用你最高的預期來鞏固數目、價值和論點，並且盡可能搶占談判空間。」有研究證實，率先出高價的人往往能奪得更多他們要求的東西。但同樣真實的是，極高的要求可能導致僵局和其他方的退出。也有人認為，更好的做法是讓其他方先出手，藉以得知對方重視什麼，並鼓勵對方儘量說出原因。讓其他方先行動是我們獲得情報的機會，只要我們小心謹慎，不要讓錨定值（anchor value）懸宕太久或沒有反應。

我們必須小心思考如何架構第一個提案、出價或配套。當你在談判中說出自己的第一個提案、出價或配套，你也是在提供情報，讓別人得知你重視的東西，因為其他方也會傾聽和學習。

傳統的分配性單一議題談判可能由提議和需求構成，依次進行並伴隨回應和讓步。然而在其他背景下，更好的辦法是思考如何提出提案（結合許多議題）或成套的提案，例如在勞資談判和國際貿易以及外交談判中，結合一套想要的項目進行討論，以便為交易、創造價值和新提案鋪路，並且能在多議題的情況下，衡量與不同議題可能進行的各種折衷交易。這是可以看到短期議題和長期議題的最初價值之處（例如，我們更在意眼前的時薪，還是以防日後被解僱或未來享有健保的保障？）

討價還價、變動、腦力激盪——大多數人認為這是所有談判過程的核心：我們如何從出價、提案和配套進展到協議。儘管許多人盡力描述效率或利益最大化的簡單規則，但這個談判階段的行為，極大程度取決於目標、談判的材料和談判方。在傳統的分配性單一議題談判中，談判方會在線性比例（linear scale）上出價、提出要求和讓步，直到達到協議點（往往是頭兩次提議的中間點）。但當談判方致力於「協商與讓步」，並為自己所提的要求進行辯論和說服時，為了達成協議，他們最終會讓步。

許多談判者會胡亂提出數字喊價，然後在開始談判時冷靜下來，但談判行為研究顯示，更好的辦法是：在任何數字背後都要有某個理由，以穩固自己想要的數字，並防止該數字變動或做出不想要的讓步。同樣的，詢問對方其所提的數字背後的原則，可能會暴露出他們的報價單純是隨意的。出價的理由應該與案例的價值有關。看看這個發生在古董市場的真實談判：

買家：那枚漂亮的古董戒指賣多少錢？

賣家：二百美元。

買家：抱歉，我身上只有五十美元。（聲稱預算有限是常見的買家伎倆，但在不使用現金的場合中可能效果沒那麼好）

賣方：但你是開車來過來的，至少得付七十五美元來加滿油箱。這件可永久持有的珠寶，它的價值難道比不上一箱汽油？（試圖利用開車來到市場所需的油量來固定價值。）

買家：說得好，如果你願意用一箱汽油的價格賣給我，我可以告訴你，我開的車是真正省油的小車，加滿油箱只花了四十美元。按照你的論點，我願意用四十美元買下這枚戒指！

賣家現在是拿石頭砸自己的腳——利用「理由」合理化某個數字，但這個「理由」卻和那枚戒指的真正價值毫不相干，並且變成戒指的價格！因此，出價、提出要求和數字務必要有理由，而且這些理由應該與談判的主題有關聯。

在這類傳統的出價—還價談判中，分析讓步的模式很有用。當讓步模式是可預測的單位時（例如二十五分美元的時薪、大宗交易中的十萬美元），我們更容易分析其他方的動向。研究顯示，當讓步變得越小，你就可以假設自己正逐漸接近對方的保留價格（reservation price）或底線。基於這個理由，一些談判分析者建議採取漸進的讓步或變動（不固定和不同的數字，例如二十三分美元，而非二十或二十五分美元），如此目標和底線就不會那麼明顯（假定我們處在寧可不透露動向的談判中）。

整合性談判的「變動」過程稍有不同，取代單一的要求和回應，談判者花時間分享情報，在多議題談判中提出不只一個提案或配套的建議，或者利用腦力激盪過程一起想出提議。腦力激盪最初源自於廣告業的創意發想和集體決策，讓人們想出盡可能多的點子來解決問題（「猛攻問題」），而不做初步評估或批評這些點子（包括荒唐古怪和難以置信的點子），接下來加以結合、改進、修改，最終挑選其中一些點子。

現在有許不同的「選擇」過程，從投票到使用不同顏色便利貼來匿名發帖，以評估特定選項的可能性，或利用活動掛圖和其他工具來進行調整。在娛樂界，這項技巧的一個版本稱作「分鏡」（storyboarding）——挑選主題、議題和角色，然後藉由移動元素來創造故事的「弧線」（或文件中的條款、劇本中的場景、交易中的要素）以檢視各種可能性。

當老練的協調者參與談判和決策時，會使用許多這類技巧（和其他技巧，例如「自由寫作」或現今更加電子化甚至匿名的「群眾外包」〔crowdsourcing〕）。這個過程仰賴談判方所建立的某種信任，而且比傳統的對抗和競爭性討價還價，更具開創性並且有「比較輕鬆」的氣氛。重點是，除非全部的事情都獲得同意，否則不同意任何一件事，並且期望在互動過程中能看到新的可能性。

另一種形式的「變動」過程是建立一份「單一文本」的文件，當中包含各方提交的條款，並進行共享和評論（有交易、改寫、批評、新提議和暫停）。一九七八年，美國總統吉米・卡特（Jimmy Carter）在進行大衛營和平協議（Camp David Peace Accords）的調停時，曾運用這個過程。這些和平談判的面對面時間很少。埃及總統沙達特（Anwar Sadat）和以色列總理比金（Menachem Begin）之間有許多棘手的議題（政治、國家和個人），由助理、代表和第三方調停者主導的個別核心會議被有效地用來「擴展」進程和技巧，為埃及和以色列達成一個複雜的和平協議（透過美國提供的金融和軍事支援以及第三方保險）。（請記住，有時候增加議題〔以供交易〕和增加談判方〔資源、想法和保險〕可能非常有幫助。）

當議題複雜且多樣時，單一出價／讓步比較不容易成功。這樣的談判往往仰賴交易而非讓步，而且時常是聯動的——每個項目如何獲得同意，取決於配套中其餘項目的結果。當議題複雜或事實不全然被得知，那麼當事實或需求改變時，整合程度較高的談判過程讓不確定的協議得以被重新評估。

第二章提到更混合的框架（創造和主張價值），通常會以相反方式共享這些模式的要素。談判方會花時間進行腦力激盪，創造價值和探索許多新選項，但接著必須選擇特定的結果。當無法避免的主張或劃分價值與物品時，仍應有合理的理由，但應該在過程中融入更多創造力，由此建立更好的信任機制和關係。

戰術、行動和轉變——當探究談判者所運用的戰術時（無論是為了將利益或分配結果最大化，或尋求有創意的解決方案），我們應該總是要問，我（或者「他們」）為何這麼做？這種行為選擇在談判中想達到什麼目的？每一個行動如何幫助實現最終目標？我們來看看在任何談判中可能出現的常見工具、技巧、對策、伎倆和花招，以及如何對某些有問題或甚至鬼祟的行動做出反應。將不同的概念性行動（例如重新架構、聚集或分散議題）與純粹的行為（例如迴避回答困難的問題）區分開來，這麼做會有幫助。

談判中的第一步可能呈現出談判者抱持的心態。美國政治科學家羅伯特・阿克塞爾羅德（Robert Axelrod）運用電腦化形式的囚徒困境（在第二章中描述），要求不同領域的學者在「囚徒困境賽局」中編寫與其他人互動的程式。每個參與者都編寫了遇見另一位玩家時是否「合作」或「背叛」的一組指令。勝出者是數學家阿納托・拉普伯特（Anatol Rapoport），他寫出一個比其他所有人

「更好」的程式，稱作「以牙還牙」策略。

在與另一方打交道時（先前沒有任何溝通），該程式一開始先選擇合作，接下來如果遭到背叛，下一回合也背叛，然後再原諒（僅背叛一回合），希望「教導」另一方也學會合作。阿克塞爾羅德表示，當中的教訓是：要友善，不要妒忌，別當先背叛的人，以牙還牙地合作（和背叛），但不要太聰明（試圖勝過對方）。這個囚徒困境賽局被重複進行了許多次，後來有些程式逼近或「贏了」以牙還牙策略一回合，但以牙還牙依舊不失為許多種談判的好策略，不論是在國際外交、貿易、不了解對方的情況下、商業和法律談判。相關研究證明，升高紛爭比平息紛爭容易，因此一開始尋求合作（按照阿克塞爾羅德所說，要「友善」）是有道理的（在大多數情況下），然後逐步升級或在必要時「背叛」（如果會導致僵局、進退兩難或戰爭，則不要持續太久）。

一開始就喊出高價（可能是想要按慣例進行談判）或利用典型的權勢和強硬的討價還價戰術（壟斷空間和談話時間，使用威脅、拒絕回答問題或透露情報、利用欺詐或誇大（虛張聲勢）、提出要求或是「要就接受，不然拉倒」的提議、強力勸說而不真正聆聽論點、施壓利用假的最後期限、在達成協議後增加議題（低價策略和蠶食策略）、利用恫嚇、侮辱、人身攻擊或甚至完全不理性的行為（退席、丟擲文件或者用鞋子敲桌子）、占人數優勢、以「扮黑白臉」策略來迷惑擁有權力者並威脅對方、拒絕相互提議或讓步，或者只是單純頑固，以上戰術都給那些想要更有效進行談判的人帶來應對上的困境。

當這些討厭的戰術被用來對付我們時，我們該怎麼辦？幸好，在社會心理學研究的支援下，當面對每一種「權力遊戲」時，都有許多種反制方法和建議來改變局面或監控自己的反應。最重要的是，是否要明確地直接對抗這些戰術，方法就是詢問：「你認為在這裡x或y實際達成了什麼目的？」將對方談判者希望默默暗示的事情明確化，往往會削弱這種行為的預期效果，因為對方想要弱化你並迫使你妥協的期望將不再有效。

談判學者黛博拉・庫伯（Deborah Kolb）把這些戰術的反應稱作「對策與轉

變」（moves and turns），這是反制、挑戰或改變對方利用「社會地位」來主導談判的方法。當談判者會面時，他們是來自其社會結構的產物（職業、教育、世代、性別、人種、族裔、階級和組織背景），他們以個人身分交手，為自己和他們所代表的人達成目標。因此，我們一定要問，這是關於自己（談判者）的事或是談判方試圖達成的事？亦即，將焦點回歸到談判的本質。

庫伯建議採取以下策略來應付談判桌上這些支配手段：(1)打斷；(2)提問（你認為你在這裡是為了達成什麼目的？）；(3)糾正；(4)忽視；或(5)轉移（不是直接處理對方那惹事生非的戰術，而是重新調整架構，聚焦在手邊的問題上，或問對方某個問題，讓他們回應你）。

在探討談判中的不公平待遇和權力失衡問題的文獻中，其他人建議採取以下戰術：(1)將自己變成一個團隊（透過將其他成員加入談判團隊來增強力量）；(2)可能的話換對手（要求另一位談判者上場，提升至監督或管理層，尤其在進行線上談判）；(3)利用沉默；(4)暫停談判，打斷無效益的動態；或者(5)可能的話，積極地傾聽、質問、發揮同理心和真實的人際交流，徹底改變交流方式，探索真正的動機和利益所在，打破傳統談判慣例。

最後，提出對對方和自己都有利的解決方案或選項（例如賴利・蘇斯金〔Larry Susskind〕建議的「寫出他們的勝利演說」），有時可以超越不好的過程，達成好的結果。（用不著《教父》〔*The Godfather*〕電影中的戲劇化效果，可以給對方一個「他們無法拒絕的提議」，不是因為威脅，而是因為這個提議好到讓他們難以拒絕。）

達成協議——任何成功的談判最終都會達成協議，因此確認條件、承諾和共同的義務很重要。歷經緊張的談判時刻之後，當談判結束時，人們常會放鬆地簽約和退場。許多談判後來之所以失敗，是因為條件有歧義或不夠明確，未能清楚說明誰在何時該做什麼事。在透過談判解決法律紛爭時，什麼是「豁免」條款（免除進一步的法律責任），這是特別棘手的問題。如果想要真正完成談判，這一切都必須經過協商（包括精確的用語）。

達成協議後：談判後的履行

確認協議條件和起草協議責任——當談判者離開談判桌時，必須確保每個人都知道他們被期待在何時做什麼事。外交談判往往利用故意的模稜兩可來達成協議和避免衝突，而且語言差異可能引發對相同單字的不同解釋。許多國際組織和歐盟用多種語言撰寫重要文件，有時會在日後引發更多有關語意的爭議，有時需要其他權威性來源進行詮釋，例如法院或特別法庭。

透過談判而達成的立法往往也是如此。立法者對於法令試圖達成的事有了共識，但對於具體的規定或實施細節可能沒有充分描述。各國憲法在談判後宣告基本價值、權利和政府結構的方式差異極大，有的表述模糊，有的則較詳細（例如，比較含糊的美國憲法和鉅細靡遺的南非憲法）。英國和以色列從未承諾過單一的成文憲法文件，而是將政府義務和公民權利的詮釋留給法院。不幸的是，普通契約可能也是如此，儘管不必然是刻意為之。

判例彙編中充滿了法院被要求解釋特定條款的事例，例如擔保（用於什麼？）、賠償（為了什麼？）。特定行業中的專門術語在其他行業中可能有所不同，例如FOB=free on board（船上交貨。賣方支付運送費用）。談判各方應該設法詳細說明自己想要明確哪些事項內容，以及哪些是想要模棱兩可或視情況而定以待未來考慮的事。而協議中不清楚之處可能在談判後引發紛爭。

由誰起草協議同樣非常重要。許多談判書籍建議應該「抓住筆」（或鍵盤）並掌控最終協議的起草，以維持對語言、義務和責任的掌控。這其實是危險的策略。在許多司法制度中（包括英美法），如果發生契約語言的紛爭，按契約解釋的常規，法院將以不利於起草者的方式解釋條款。因此，為了確保清晰度和最大的可執行性，最好共同起草並確信每一方都參與起草最終協議。在許多複雜的談判中，正式簽訂契約之前可能會有「協議摘要表」或諒解備忘錄（MOU）。每一方都應該簽署、編輯（評注）或草簽這份文件，以證明同意並參與了議定的條款。在複雜談判中，如果專業人士（律師、法律顧問、職業外交官）尚未在場確認協議符合法律和慣例的正式規定，那麼現在是聘請他們的時候了。

成效與執行條款——明確說明誰在何時做什麼事，以及如何確保或評估執行成效，這很重要。是否有對未預見的情況（天氣、流行病、延遲、疾病、產權和所有權瑕疵）進行風險保險、保證和擔保？如果要付款，該如何付款以及在什麼日期之前：電子轉帳、現金、股票和債券、以物易物的項目，在付款轉帳之前是否需要先設立託管帳戶（例如，在建築和娛樂產業常見的保證帳戶——房產接受檢查期間、某項產品和服務完成且令人滿意之前）？如果協議中提供條件協議（如果x，那麼y……），應該清楚說明重新討論條款的條件。條件協議常見於某些金融、政治談判，而且在環境協議中越來越常見，例如空氣和水品質的監控，以及土地利用／汙染（往往由第三方實施），條件協議可能引發關於規範或義務的重新談判。

爭議解決條款——許多談判都會留下未解決的歧義，或者可能發生新情況，導致對協議的內容產生異議，因此好的談判協議會在談判方展開訴訟、戰爭或其他無效益的行動之前，提供解決這類紛爭的機制。解決紛爭最簡單的形式，是對產生的任何紛爭準備好「重新談判」，在訴訟之前要求各方回到談判桌（稱作允許正式訴訟之前的先決條件〔condition precedent〕）。有時在比較複雜的協議和越來越多國際條約中，會有一個解決紛爭的「等級」選項或清單，從各方重新談判開始，到第三方調停，然後由第三方（並非法官或法院，而是各方推選出來的決策者）進行無約束力或有約束力（最終）的仲裁。

現在談判已是更大領域的一部分，諸如ADR：A（替代〔alternative〕、適當〔appropriate〕、可行的〔accessible〕）、DR（解決爭議〔dispute resolution〕），它鼓勵人們找到適合其問題背景和實質的參與過程，就是「使討論切合紛爭」。好的談判協議應該考慮到如果事情出錯時要怎麼辦。

評估——我們學到什麼？當談判結束時，談判方應仔細盤查並解決協議中的問題。我們做對了什麼事？我們還可以有什麼不同的做法？這個協議可能出什麼差錯？在產生新紛爭之前，我們應該做些什麼？如果這個談判涉及了維繫持久的關係，最好由大家一起進行盤查和「除錯」。

在組織或委託人的談判場合，優秀的談判者會向參與談判的任何人或組織內具備專門知識的人尋求反饋，了解可能／應該發生什麼事。談判者負責制定影響其他人的契約、交易、條約、法律和關係，因此，查明談判完成的所有事情，是談判過程的重要部分。

我們應該從參與的每一次談判中學到東西，但也別學得太多。談判理論與實務中充滿不正確的類比——別像慕尼黑會議裡的張伯倫那樣容易讓步（在可能不適當的場合鼓勵更具競爭的行為）。升高緊張的情勢比降溫容易多了，因此一開始至少要先努力達成一致的意見（例如張伯倫在慕尼黑所做的事，以及在古巴飛彈危機中，甘迺迪發表堅決的公開威脅後的作為）。好的談判者會從每個事件中學習，但也知道永遠都要分析背景和局面。諷刺的是，關於談判的概論，一般來說很少是普遍適用的。

第五章

達成談判協議的挑戰

儘管抱持良善的意圖，許多談判仍以失敗告終。有時這是因為沒有達成協議的空間：各方的需求、偏好和目標沒有重疊之處。大量的心理學、社會學和行為經濟學研究證明，人們往往在可以達成協議的情況下未能達成協議，原因是情報處理上的人為失誤、資料錯誤、明顯和不明顯的偏誤以及人類心理和社會反應，這些因素都會導致不盡理想的行為選擇。本章探討哪些他人和訊息的反應會侷限好談判，並提供改善方法，以獲得更好的談判結果。

許多認知科學家稱這些過程為「偏誤」或「偏離理性的」思維，但我更願意將之視為對人類行為（我們全都會做這些事）的描述而非規範。做決定有多種不同的過程，包括「理性的」（好理由）、「不理性的」（壞理由）和「非關理性的」（沒有理由，但或許依賴其他系統或價值觀，例如情緒、政治、文化或倫理的系統或價值觀）。特定談判中的「理性」取決於談判方的需求和價值觀。

人類行為研究也證明了人類的「多元智慧」，包括量化邏輯、語言、情緒——人際和內省、身體動覺、空間、自然、音樂和道德，以及更具爭議性的精神與存在主義。談判會動用到這些不同形式的智慧，有些智慧較能幫助產生創意、解決問題以及應付在此所描述的某些挑戰。

認知「錯誤」

新的認知與社會心理學研究證明，人類有時會做出缺乏足夠訊息的決定。這種行為充分呈現在丹尼爾．康納曼和阿摩斯．特沃斯基（與其他人）的作品中，他們描述了兩個思考系統：「快思和慢想。」

在思考系統一（快速思考），我們在決策中使用捷徑（「啟發」），根據我們認為自己知道的事，迅速、自動或直覺地採取行動，（有時利用刻板印象和分類，有時不正確地使用從大腦中即刻被召喚出來的資料）。在思考系統二（慢思考）中，我們會在採取行動之前做研究和審慎運用思考過程。在談判中，我們必須知道何時該運用快思或慢想的思考過程。在為談判進行規劃、考慮如何與何時出價，以及在複雜情勢中創造不確定的解決方案時，我們經常按照更快速的自動程序行事，特別是在回應別人所做的事情時。

架構——定錨

任何談判的第一個首要問題是：誰來設定議題，要解決的問題是什麼，以及使用什麼用語（或數字）來描繪談判的特性。談判是單一議題（價格）的銷售問題，還是有其他問題要需要解決？誰是相關的談判方？率先提出陳述、出價或數字可以定錨整個協商談判的界線和調性。

稀缺偏差

大多數談判者認為，自己是在零和的事物上討價還價（或「固定大餅」心態）——我得到一塊錢，你就少掉一塊錢。這是我們可能會犯下的最常見和最危險的認知錯誤之一。它讓我們有一種心態：打從一開始就假設有分配性的討價還價，導致像是不願意分享情報的競爭行為。

這種偏差往往假設每一方都同等重視相同的東西（例如金錢），因此必須競爭好將這些價值最大化。這是一個危險的假設，因為非競爭性、互補的需求可以容許更多交易（金錢常常成為一連串更多樣化問題的代表）。請記住，如果必要的話，升高事態（轉向競爭的非分享模式）幾乎總是比相反的降溫容易多了。為了找尋更多選項和有創意的解決方案，最好是從接受情報、想法和建議的框架開始，而非預先排除它們。

首因效應

「誰先上場」是與定錨有關的問題。辯論家、律師、政治人物和某些談判者總想要先上場，以獲得聆聽者的注意。辨論和審判中的開場陳述就像是「率先提議」，先上場讓人可以「主導」辯論空間和設定問題的框架。

可得性

我們「被預設」會去看和思考自己最容易接觸到的東西，例如房屋和汽車的定價、看見或聽見的廣告、朋友告訴我們的事，以及我們認為的現行市場價格、規範或慣例。那些提出高價的人試圖利用框架、定錨、首因效應和可得性來設定對談判回應的期待。

在許多實驗中，研究人員會示意一個不相干的數字（例如在公告欄貼上極大的數字，或在故事中使用一個大數目），然後問大家他們認為外面有多熱。那些接觸到極高（且不相干）數字的人，會說出比實際高出許多的溫度。不動產交易研究複製了這些實驗結果，讓掮客接觸到不同（虛構的）「估值」，結果發現接觸較高數字的掮客／代理人設定了較高的價格，即使這些價格與實際價值無關。

鮮明度

如同首因效應會造成影響，我們也都會受到剛發生之事的影響。二〇〇一年九月十一日，就在美國發生恐攻行動後，紐約發生了另一起致命的航班墜機事件。幾乎每個人都馬上假設這又是一次恐怖攻擊活動。隨後，調查人員發現，肇事原因是飛機駕駛員的失誤。

近期事件的鮮明程度（vividness）會導致人們對因果關係、動機或價值產生不正確的假設。老練的談判者知道如何利用這種手段「引導」聆聽者做出他們期待的反應，他們會挑選特定鮮明的例子或軼事，藉此來吸引或嚇唬對方接受他們提出的價值（和其他）陳述。想一想二戰期間，張伯倫與希特勒談判時的「軟弱」，此後這變成一個鮮明的比喻，用來勸戒其他外交人員絕不可以顯得「軟弱」。鮮明的例子能用來鼓勵或勸阻某些行為（訴諸人們的情緒，例如恐懼、憤怒、愛），證明這些經驗法則常常同時影響思考和情緒過程。

新近程度

新近程度（recency），如同鮮明程度，但運作方式不同於首因。有人認為「最後」出價或提出論點更重要，因此有些談判者（律師和辯論者）想要最後一個向陪審團、法官或聽眾發表演說，如此一來，先前的出價和論點可能被重新架構、反駁和重塑。

所有這些技巧都依照運用者的觀點用來提出數字和論點。一個有經驗的談判者應該知道如何運用這些技巧，同時知道要如何不被蒙蔽。第一個表達、鮮明地陳述或最後一個說，不一定能完全架構出談判優勢。

稟賦效應／展望理論——現狀偏差

在一個被廣泛複製的實驗中，研究人員給予一半的學生某項物品（一個商學院的馬克杯、鋼筆或水瓶）而不給另外一半的學生，並要求他們對此討價還價。在無數次重複這項實驗時，研究人員發現，該項物品的「賣家」無法將它賣給買家。因為當這項物品被「給予」賣家後，它此時為賣家所「擁有」，他們比沒有這項物品的人更珍視它。這就是「展望理論」（prospect theory）、「稟賦效應」（endowment effects）或「現狀」偏差的例子。當我們擁有某樣東西時，我們比沒擁有這東西的人更加珍視它，因此，十分喜歡自己房子的賣家，更容易定出潛在買家無法接受的高價。

結論之一是，我們對自己擁有的東西存在著偏差，而且需要付出更多代價來改變這個現狀。該領域比較新近的研究顯示，儘管這種特定偏差在許多情況下非常強烈，但某種程度上還是決於背景。（在電腦時代，誰還珍視筆？在跑步趕去上課後，誰真的需要一瓶水？）

風險偏好——損失規避、收益

與現狀偏差現象有關的是，我們對於爭取可能的收益以及預防或避免損失的價值觀不同。許多這類研究假設人們應該重視「經濟理性」（economic rationality），但實際上人們重視其他事物也可能是「理性的」，例如人際關係、重複談判的可能性或其他機會。在以下的例子中，請想一想你會怎麼做和為何這麼做。

研究證明，與其設法獲得某樣東西，人們更願意付出較高的代價以避免損失。你計畫好今晚跟朋友出去玩，你已經花一百美元買了兩張音樂會門票，並預約一頓價值一百美元的晚餐。情境一，你花了一小時來到餐廳，發現你把音樂會門票留在家裡。你會繼續吃晚餐並放棄看表演，或是用吃晚餐的一百元現金當場再買兩張新門票？現在情況反過來，你到達餐廳，發現身上帶著門票但沒有現金（或信用卡）付晚餐的錢。你會為了吃晚餐而退掉門票，或是放棄晚餐，等待看表演？

在這個問題的標準結果中，大多數人會看自己手上有什麼來行事。如果有現金，他們會在餐廳吃飯並放棄看表演，或者如果有門票，他們會去看表演而略過晚餐。這就是現狀偏差／稟賦效應：你珍視自己口袋裡的東西。你不想增加更多成本（沉沒成本）來「購買」某樣東西兩次——第一個例子裡的門票或第二個例子裡的晚餐。然而，多年以來，我在授課的班上所做的調查結果已有極大差異：取決於學生是否重視在難預約的餐廳吃飯（美食家）勝過看表演（他們也許事後能在串流平台上看到表演），或者他們重視現場表演勝過定價高的餐點。

我們在意的東西（價值觀／偏好）確實重要，但並非每個人都以同樣的方式重視同樣的東西。（談判問題解決測驗：在沒有現金或門票的情況下，你能不能想辦法透過「談判」去獲得這頓晚飯和表演？）

現在請你想一想以下這個問題。你接到律師的來電，告訴你某個你從來不認識的叔叔在死後留給你十萬美元。這是好消息，而壞消息是，你不認識的堂兄弟姊妹（他的子女），他們打算驗證這份遺囑的真偽。律師說你有八成的機會贏得官司，而案件的審理大約在兩年內進行（考慮到法庭的延遲），並且得花費一萬美元的訴訟費。此時你的堂兄弟姊妹提議平分這筆遺贈（現在是五萬美元）。你會不會接受這項解決問題的提議？（八成機會獲得十萬美元，等於八萬美元，減去一萬美元訴訟費，等於兩年後獲得七萬美元vs現在的五萬美元）。

考慮的因素（理性地）包括預期和目前的經濟價值：情況真的是五萬美元vs日後的七萬美元？（現在的五萬美元如果進行投資，兩年後產生的收益能不能超過七萬美元？）你目前的財務需求如何（負債或完全不缺錢）？你將來會有什麼需求？而且還有其他社會因素：你想不想遵從叔叔的遺願？你想不想在法庭中挑戰那些不認識的親戚？你想不想和堂兄弟姊妹們分享財富並認識他們？你想不想提出不同的提議或方案？你是否相信律師對可能成功機率的評估？你在這場談判中所做的事，會隨著自己的風險偏好（risk preference）、經濟需求和對待親戚與家人的態度而不同。

我那位愛冒險的小舅子必定會選擇等待判決，但我課堂上的大多數學生選擇接受現在這筆錢，因為他們多半有負債。對一些人來說，這筆意想不到、叔叔留下的錢是「意外之財」，而透過不訴訟並對「新的」堂兄弟姊妹友善，就可以產生社會收益。

再想想這個例子。你老闆提供你在某天加班賺兩倍工資的機會，還會給你額外的一千美元。但那天是你的結婚週年紀念日，已規劃好的晚餐對你的配偶來說非常重要。重視金錢的人會願意接下這個工作，重視關係的人則會拒絕加班的提議。解決問題的談判者可能會：⑴詢問自己的配偶是否願意接受這筆額外的錢，將慶祝活動改到另一天晚上，或者⑵詢問老闆能否在另一天加班，或是⑶你還能想到其他什麼解決方案？

架構和迴避的相關研究無法複製真實世界的情況，因此在現實世界裡，可能存在著更多改變談判情況和條件的空間。

在這些例子中，談判者需要知道的課題是：如何「架構」提議，像是潛在的收益或損失規避（loss avoidance），這會影響談判的提議如何被聆聽以及是否會被接受。比起押注於潛在收益，大多數人更願意付出較高代價來避免損失。此處的另一個課題是要小心：不要讓別人來「架構」和評價談判內容以及特定提議對你的價值是什麼。你可以依據自己的目標和重視的東西重新進行架構，提出自己的提案和找尋其他可交易的項目。

根據上述的例子，思考你和對手描述談判的方式是以文字（例如「非常可能成功」，「極有必要」）還是用數字（例如：八〇%的成功機率）。當偏好、提議和風險分析以數字或敘事用語表達時，人們會有不同的處理方式。你要了解自己（和你的委託人，如果你是律師或代理談判者）可能會如何聽取和處理這些情報。不管大量人口的整體統計數字代表什麼意義，事實上某件事是否會發生在你身上（例如拋硬幣時正面朝上），其機率更可能是百分之五十（會或不會）。

在被保證某特定癌症的「治癒」率是九成後，我的一位統計學家同事對他的醫師說，仍有一成的人治療無效。在最簡單和老套的架構中，樂觀者會看見半滿的杯子，而悲觀者則看見空了一半的杯子。兩者都沒有對或錯，他們只是反映出不同的觀點如何影響情報在談判中呈現和解讀的方式。

統計謬誤

若非專業的統計學家，任何人在聽聞和處理機率或風險情報時幾乎都會「犯錯」。小數法則（law of small numbers）能說明我們都會犯的這種錯誤。當看似不成比例的一群人罹患癌症時，人們有時會假設某個特定區域存在著「癌症群集」。然而，當該區域擴大到包含那些真正「暴露」於某種風險的所有人時，看似「很多」的人便不算多。與此相關的是「樣本偏差」（sample bias）問題，像是在進行定量陳述時：「常客總是對我的表現感到滿意。」（因為那些不滿意的人不再是「常」客）當談判者宣稱項目的品質或陳述其價值時，所有優秀的談判者都應該要求查看（並分別評估）提出這些主張的數據。

同樣地，在評估因果關係時，另一個常見的統計謬誤是將相關性與因果混淆。試想：「當冰淇淋甜筒的銷售量增加時，會發生更多起鯊魚咬人致死的案例。」對鯊魚來說，人們吃冰淇淋甜筒是否「導致」自己變得「更可口」？或是否存在「介入原因」（intervening cause）和相關事件——鯊魚咬人和冰淇淋的銷售都發生在夏季，此時人們會在海裡游泳。因此，當談判者因為某個原因而聲稱價值時，應該要思考還有什麼其他因素可能「導致」價值上升或下降。

你想擁有價值十萬美元的五〇％企業股份，或者五十萬美元的二〇％企業股份？當人們提出百分比時（尤其前面提到的第一個），我們往往看到百分比，而不是總額，當我們在評估可能改變的數字時（要出售的公司價值、預期中的利潤、汙染物的危害風險等等），這樣尤其危險。某些狡猾的談判者會利用看似非常精準的數字（「根據我們的價值評估提出的報價為十四萬三千九百八十七美元」），來合理化事實上被任意組合出來的東西。

在數字上討價還價往往導致反射式反應，包括任意讓步和「各讓一步」的妥協，尤其是當我們沒有花時間「做算術」時。想一想，如果一根球棒和一顆棒球共花費一．一美元，而球棒比棒球多一美元，那麼棒球多少錢？（你說十美分？

錯！棒球五美分，球棒是一．〇五美元）

這些數字代表什麼（在價值上）？數字有多精準？一個好的談判者應該問：「你如何算出那個數值的？我們一起來探討這個算術問題。」在確保預測和聲稱的價值被確定之前，要放慢談話。必要的話，尋求會計師、統計學家、數學家，或在該產業有經驗的專家協助。

社會問題、錯誤和偏差：貼標籤

與框架和定錨的力量密切相關的是社會學概念中的標籤化和分類。不管是誰利用文字為某件事物定名，或透過更高的計算能力用數字來定出值價，他們都是在試圖控制談判的條件。經典研究顯示，當兒童被貼標籤為「有天賦」或「愚鈍」時，無論分類的準確性如何，他們的老師都會將他們視為超級聰明或沒有學習能力，然後我們在結果中會看見「自我應驗預言」。被當作「聰明」孩子對待的兒童會獲得額外的關注和較難完成的任務，因此往後被檢視時就顯得比較聰明。

大多數的廣告和談判中的試圖說服都利用以下這些浮誇形容詞來告訴你，你即將要出價的是「最好的」、「優質的」、「……中的勞斯萊斯」，以控制你的價值聯想。想一想我們如何處理「原告vs被告」、「勞工或管理階層」，甚至「買家和賣家」的標籤。史丹佛大學社會心理學課堂上進行了一個知名活動，學生被要求玩相同的囚徒困境賽局。相較於那些被告知要玩「華爾街」遊戲的學生（藉由背叛遊戲中的其他人來使自己的分數最大化），被告知要玩「社會工作」遊戲（目標是讓小組團隊的分數最大化）的學生更可能彼此「合作」。

反應式貶低

標籤效應的一個變形被稱作反應式貶低（reactive devaluation）。反應式貶低就是我們因為「其他方」與我們的關係，而貶低或不聽他們所說的話。原告會認為被告為了想解決訴訟所提的金額總是太低，被告則認為原告的金額太高。美國共和黨人會貶抑民主黨人所制定的任何稅收和支出政策，而民主黨人則貶抑共和黨人的提案。當然，部分原因是基於政治原則、意識形態和價值觀的差異，但往往也只是單純武斷地拒絕對手的提議，即便該提議可能存在某種好處。

心理學家李．羅斯（Lee Ross）設計了一個實驗來驗證這個理論。當時大學校園正積極要求對那些在實行種族隔離政策的南非的公司進行撤資。許多學校的學生要求立刻停止投資，但大學的董事會不願意（主要是財務考量），而教職員和某些大學行政人員提議採取漸近式減資。羅斯提出為三種提議的變體貼上不同標籤：「學生提案」、「董事會提案」和「教職員提案」（將這三種論述中的內容改成三種不同提案的版本）。無論提案的內容是什麼，學生們總是投票贊成學生的提案，反對董事會提案。

「標籤」勝過了對提案實際好處的一切考量。好的談判者需要思考自己的提議中所使用的標籤，而且希望聘請調停者，讓出價和提議的呈現方式「中立」——根據其自身的優點來進行評估，而不是基於提案者的假設特性。

歸因

我們因為別人的身分而「貶抑」他們所說的話，這個心理過程是我們分配責任與究責過程的一部分。研究發現，無論是歸功或歸咎於自己、他人或「我們無法控制的力量」，我們往往是依據自己既有的身分來給予評價。刻板印象和假設的特性也在歸因、歸功和歸咎方面扮演了重要角色。

女性比較容易將好事或成就歸因於「運氣」，而把壞事歸因於她們自己；男性的傾向正好相反：成功或成就是他們自己的功勞，壞事會發生在他們身上是因為運氣不好或自己無法控制的因素。女性常常承擔或接受咎責（例如少數族群的人），並將成功歸因於運氣或其他人（良師、朋友和家人），但男性（和白種人）認為他們所有的成就都是自己應得的，而他們的失敗則是歸咎於別人或其他事。這對人們在許多類型的談判中（例如薪資談判）所做的要求和接受（讓步、妥協）有極大的影響。

過度自信

美國電台主持人暨作家蓋瑞森・凱勒（Garrison Keillor）在他的長壽節目

《烏比岡湖》（*Lake Wobegon*）中說到，烏比岡湖這地方「所有的小孩都超出平均水準」（譯注：烏比岡湖效應〔Lake Wobegon Effect〕一詞由此而生，喻指高估了自己）。許多談判之所以失敗，是因為雙方對於自己能達成的事、販售或談判的東西的價值過於樂觀（例如某個法律判例對律師的優勢、出售中的某間房屋或公司的價值）。在幾項法律談判研究中，律師藍達爾·基瑟（Randall Kiser）發現，原告和被告律師都高估了他們的案件，因此未能在應該達成協議時達成協議。

在美國的司法制度中，律師拒絕和解提議後，若在審判中表現不佳讓情況變得更糟，必須替提出和解方案並遭拒的那方支付訴訟費。來自美國幾個州的資料顯示，原告更常（就次數來說）錯誤地拒絕和解提議，儘管被告較少拒絕和解提議，但當他們拒絕時，他們更容易真正「犯錯」，因為他們的損失比較大。曾擔任調停者（在其他不同案件）的律師比較不會提出過度自信的要求，更可能達成和解並避免損失，或許是因為他們對其他案件的第三方評估經驗，使他們對己方提出的要求有所節制。

確認

同樣的，許多人往往在他們所提的問題或蒐羅的情報中，找尋自己已經相信為真的確證，而不是設法查明情報是否不正確——這有助於將所宣稱的價值調整到更精確的程度。

對比效應

對比效應（contrast effect）是我們在談判時的另一種思維變形。我們會自動地對已知存在的對比起反應，這種「相對剝奪」或「我想要他擁有的東西」之類的概念，讓我們珍視某樣東西僅僅是因為別人擁有它——「窮人」想要「富人」所擁有的東西。

或者可以這麼想，一些朋友相約去吃晚飯，一半的人想要喝白酒，一半的人想要喝紅酒，就在無法選擇時，有人提議「對比」的妥協（玫瑰紅葡萄酒）是不錯的解決方案。但真的是如此嗎？這些用餐者沒有人想要喝玫瑰紅葡萄酒，因此這是一個壞的選擇。有沒有更好的解決方案？不如來半瓶紅酒和半瓶白酒？對比時常讓我們被侷限在簡單的反應或「對立物」，而且可能抑制住更有創意的解決方案。

後見之明偏誤

後見之明偏誤（hindsight bias）是妨礙良好談判思維的一個因素。當談判結束時，我們會假設自己的作為造成所得的結果，假設出因果關係：「我們始終都知道會是這樣」，或是「你看，我們做的事是對的」，這種方式不論正確或錯誤，都對自己的行為過度歸因，而往往低估了其他方的作為或外部因素可能造成的影響。對許多人來說，這是過度自信或相信自己的效能。其中一些偏誤事實上更為複雜：有些是因性別和社會而構成——女性比較不會將高效歸功於自己，但容易感到自責，其他比較不「強勢」的族群，像是少數族裔或新手也是如此。後見之明偏誤的危險之一在於，我們可能會「過度學習」，認為某件事「在以前進展順利」，我們就應該再做一次，而沒有考慮在之後的互動中情境是否不同。

社會問題——人口統計、隱性和顯性偏見

談判的其中一個重要背景是「談判方是誰」，還有他們如何看待彼此。大多數人會意識到自己可能有的明顯偏見：種族歧視、性別歧視、階級歧視、年齡歧視（對較年輕或較年長的談判者同樣不利）、宗教偏見（在多元文化世界中，從

人們對面紗、頭巾、十字架和無邊便帽的反應就可證明）。在許多司法制度（就業、公共建設、某些契約、住房），雖然談判中的歧視性舉動可能會被禁止，但大多數的談判是在別人看不見的非公開場合舉行，因此即便是顯性偏見，依舊在許多談判中扮演扭曲的角色，讓假設和刻板印象成為解決實質問題的障礙。

這些偏見被說成與進行談判的個人有關，但請你想一想，它們如何在團體、組織和國家層面上運作。「較小」的不結盟國家建立了自己的替代團體（取代安全理事會），用來挑戰聯合國以權力為基礎的假設。歷史上的工會和其他團體的形成，是為了挫敗勞資談判中比較有權力的雇主，抗衡「軟弱」的假設。許多公民權、人權、同志權和女權運動利用群聚力量，在那些對他們存有偏見的談判中爭取權力。

近幾十年來，社會學家和心理學家證明了我們都懷有「隱性」偏見：意味著我們可能並未覺察到自己利用刻板印象來回應彼此。男性假設女性比較情緒化、容易被影響；女性假設男性盛氣凌人地傾向「男性說教」；白人假設黑人比較缺乏經驗和教育程度較低；黑人假設白人為所欲為、有特權和心存偏見；年輕人沒有經驗，而老年人不會用電腦處理資訊或運用科技。我們透過觀察膚色、國籍、宗教服飾、假設的性別或性取向、年齡甚至體型大小，迅速地建構我們的行為（系統一的自動思考），在談判中說出或做出的事情，可能不僅在道德上是錯誤的，實際上也是極不明智。

隱性偏見對談判的雙方都會發揮作用。刻板印象思維的對象（包含「正面的」聯想，例如亞洲人比較擅長數學），可能時常在自身行為中內化他們對「群體」的假定，稱作「刻板印象威脅」（stereotype threat）。女性和黑人在面對白人男性時可能比較沒自信，而女性在與其他女性談判時會假設能有「更多的」合作出現。社會心理學家結合了歸因偏誤與貼標籤理論，證明在談判之前改變一個人（或群體）的標籤，的確可以影響行為（藉由訓練「去除偏誤」）。如果你的老闆、母親或配偶說「你能辦得到」，你可能會提高你對自己表現的期待。但要當心，別「過度補償」——但願我們的母親和配偶因為太愛我們而心存偏見（這是親和偏誤〔affinity bia〕——另一個需要留意的偏誤）。我們最好要從外人那裡獲得一些回饋。

偏誤盲點

還有另一種偏誤，結合了隱微的偏誤和過度自信，這是對於我們自己的偏誤的盲點，稱作偏誤盲點（bias blind spot）。我們大多數人認為：「我決不會是種族歧視者、性別歧視者或階級歧視者，因為我公平對待每個人。那種偏見和歧視是別人會做的事。」認知研究已經證明了偏誤對於人類行為有多麼強烈的影響，而我們糾正這些偏誤的能力是有限的。現代認知研究致力於檢視：什麼能有效打斷這些非常古老且常見的互動模式。然而，直到目前為止，被運用在許多工作場所的「去除偏誤」訓練並未顯示出重大的成效。一旦離開訓練地點（實驗室、工作場所、學校），人們便反射性地回復到根深柢固設定的模式。部分模式可能與世代有關，當我們的社會文化變得更加多元，人們日益與自己不同的人互動，這些模式將會隨著時間而改變。

心情、情緒、物質環境和食物對談判的影響

我們有何「感覺」大大影響了我們在談判中的表現。有充分的證據顯示，心情不好、剛剛收到壞消息、疲倦、飢餓、不舒服或憤怒的人，在談判中不會有好的表現。這些心情狀態妨礙了情報的處理、限制創意，而且可能導致「不理性」地升高緊張局勢。這是我們在某種程度上能控制的條件——吃點巧克力、一夜好眠、冥想、舒適的穿著、上個洗手間以及始終做好準備和保持平靜，但務必要注意在談判時的情緒和身體狀態，它們影響了我們所做的每一件事。美國前國務卿

華倫．克里斯多福（Warren Christopher）曾表示，他在談判中之所以成功，是因為他跟別人不一樣，他不需要睡覺、吃東西或上洗手間（堅持、耐心和不缺席是他的行為特性，不承認他有心情或情緒上的需求）。

情感依附對於談判行為也可能造成其他影響。研究證明當關係比談判的主旨重要時，我們會有不同的談判方式——我們「付出更多」給朋友、家人和常客（設法讓可靠的供應者保持快樂）。這可能正是我們想對所愛的人，或者我們與之頻繁互動的人所做的事，但也需要注意，當我們花更多時間考慮選項，而非只是一味地妥協或反射性地慷慨大方，我們可能會做得更好。

贏家的詛咒／買家的悔恨

最糟糕的錯誤是當我們已經成功結束談判時，接著卻問，我是否同意得太快

／太多／太少？我是否在情報不足的情況下同意？我知不知道其他方重視的東西？任何以低出價強度（僅一回合或兩回合）完成談判的人都知道這種感覺——我做錯了什麼？因此，我們想在談判中有好的表現，但在討價還價的談判文化和「談判之舞」中，我們必定感覺我們「贏得」所達成的結果——我們是否應該更努力、更長時間地進行談判、獲取更多情報以及得到專家的建議？這種悔恨因素使談判者在夜裡難以成眠。我們每次都能從「贏家的詛咒」中學到東西。就在我們達成最終協議之前——明天我們對此會有什麼感覺？停下來好好想一想，並尋求外部意見。

該如何修正我們的錯誤和偏誤？我們可能去除偏誤嗎？

當我們在規劃和進行談判時，心中是否可能記住這些扭曲的思維和行為？答案可能是否定的。我們的心思一次所能處理的東西是有限的，尤其在忙著與別人互動溝通時。然而有一個重要的方法幾乎能修正這一切問題，如果可以的話，慢下來並且在談判之前和談判期間盡可能「審慎」思考（系統二）。我做了什麼假定，關於⑴其他方？⑵有什麼風險？⑶我（或我的委託人）想要什麼？以及⑷在談判中可能達成什麼結果？要架構和規劃談判，使預設的自動思考降至最低程度。安排不只一個會議；不要在緊湊的最後期限下被迫談判，利用談判的休息時間進行更多研究，獲取其他人的回饋和發展新的選項。

接下來，要記得解決問題談判的關鍵行為是問問題（在進行陳述或提出要求之前）。獲取更多情報（透過研究、與專家或不參與談判的其他人合作，以及從談判的其他方）能幫助修正我們的假定。要確認其他方真正重視的東西，避免假定資源稀缺，或錯誤地假定所有談判方都同樣重視某個價值。務必要從其他方那裡問出提案的基本理由、原則和正當性；披露數字的計算結果、資料來源、預測、假定的因果關係以及檢驗談判中所說的話。此處有一個生動的例子可供參考，想一想在電影《魔球》（*Moneyball*）裡，當球隊僅憑教練或球探「有偏見的」觀察和斷言來進行交易球員的談判時，嚴謹的統計數字（打擊率、投球數、得分、守備率）是怎樣被利用來披露對明星球員的錯誤假定。

我們應該隨時意識到典型的談判伎倆（先提出高要求、誇大價值、不正確的統計資料或數值、不理性的升高緊張局勢）以及回應（「對策與轉變」），包括提出更多問題、「地雷測試」、轉向、對質、重新架構或休息一下，或者在必要時離席（或訓練自己不要對別人所做的事反應過度）。其他有用的方法還有仔細設定議程、事先編寫和規劃你必須說的話，以反制別人可能做的事、事先考慮到所有可能的行為（以及提議和出價）、考慮更換上場的談判者（提升組織的督監鏈、找代理人或律師，或甚至在必要時替換掉你自己）。

致力於有創意的問題解決也會讓好的選項得以被發掘，使談判的實質結果能克服本章所描述的人際、心理和社會阻礙，而達成令人滿意的協議。談判的哪些部分可以先被處理（分散、增量或條件協議）？是否應該先同意總體目標和原則，以確保談判進行時的參考基準和共同原則？持續留意談判的真正目標，能幫助我們專注於談判的目的，而不只是談判手段。

最後，藉由從第三方——調停者，獲得一些協助，有時有助於替談判「去除偏誤」。曾接受訓練來處理各種認知、社會、心理、情緒、文化和行為偏誤的調停者，能幫助談判方看清是什麼阻礙了他們達成可能的協議，因為這些調停者在許多類型的談判中具備擔任局外人的經驗。調停者可以是談判者的談判者。他們擁有大量專門知識，能協助陷入困境或僵局的談判者克服本章所概述的一些挑戰。

第六章
複雜的多方多議題談判

多方、多議題談判與雙方談判有何不同？在多方多議題談判中，包含有構成協議—同意、聯合組成、排序和承諾、決策規則、否決和不退讓、附帶協議、程序規則、建立共識、紛爭處理系統設計的議題以及文化等等議題。當談判方不只兩方時，可能需要不同的方法來處理複雜的談判，包括利用第三方協助者。

談判理論與實務中最困難的議題是複雜性和參與者數量問題。談判協商的參與者超過兩方時，這些所有的基本協議概念、可能達成協議的空間、談判替代方案、出價、讓步、承諾、提案和談判戰略會發生什麼變化？許多現代的衝突解決方案和談判理論在冷戰期間開始發展，研究兩大強權軸心之間的衝突，並且啟發了現代賽局理論以及賽局理論對競爭和協調的關注。屢獲諾貝爾獎的賽局理論（約翰．納許〔John Nash〕和湯瑪斯．謝林〔Thomas Schelling〕都因為賽局理論獲獎），起初聚焦於雙方的戰略行動，但在以資源稀缺為基礎假設的談判理論中，也能夠令人強烈地想起賽局理論，這或許並非巧合。舉例來說，金錢、土地、水和其他資源假設由衝突中的兩方瓜分，進而產生如何以競爭方式「分配」

這類稀缺資源的行為規定。

更近來，談判領域學者和執行者已經明白，紛爭或交易鮮少只涉及兩方。幾乎所有法律問題牽涉到的都不只兩方，無論是負有法律責任，或在財務和社會層面受到解決方案影響的各方。參與者還包括保險業者、受僱者、供應者、賣家、家庭成員、商業或私人生活的夥伴等等，因此幾乎沒有任何訴訟案件僅是雙方之間的衝突。產生契約、新實體或組織的所有外交談判和交易談判，也都影響到許多方，甚至影響不在談判中的人。

談判中的數量：從一到多

談判參與者的數量會如何影響我們將談判議題概念化（談判的「科學」），以及我們應該如何表現（談判的「藝術」）？我們需要思考的是，不同的參與者數量會出現的不同議題，如以下表格：

參與數量	過程或結果的議題
N ＝ 1	與自我的內在談判
N ＝ 2	「典型的」談判選擇——分配、整合
	競爭或合作，結果為雙方協議
N ＝ 3	聯合、形成結盟時，協議是什麼？
	全部或部分同意？
	承諾、阻擋、否決
N ＝ 4	有代理人、律師的雙方談判，或者由四人參加的談判，協議的決策規則是什麼？
N ＝ 3 或 5	談判者有或沒有代理人和第三方
	調停者／促進者，決策規則，情報分享議題
N>5	需要正式的議程、情報分享、決策規則、需要促進者
N>25	組織、群體、社群——程序規則、議程、領導者—促進者、正式或非正式、投票規則
N>100	大型團體、政治實體、議程、情報、程序規則、決策規則、公開或私下、代表、代理議題
N>200	國際條約談判、大型團體審議、會議管理、領導權、程序和決策規則（投票方法）、全體出席或幹部會議（委員會）；公開透明的審議、記錄
N> 超過 200	政體、政府、超大型組織、代理人和代表、發言和審議規則、開放或封閉的程序、決策規則、促進者、領導者、投票、同意、正當性、公開或私下協議、聯合。

何謂超過兩方的談判協議？同意的方法、可能協議的空間

在典型的雙方談判中，我們很容易知道是否達成協議——雙方都必須同意。當第三方加入談判時，是否達成協議變成比較複雜的問題。如果有兩方同意而排除第三方，這樣的同意是否足夠？如果有兩方認為他們已經達成協議，但後來被排除在外的第三方卻提出更好的協議，顛覆先前的協議，又應該如何處理？是否達成協議，這個問題本身就是一個可談判的議題。任何涉及兩個人以上的談判都需要一個「決策規則」。什麼情況會構成協議，尤其是如果談判參與者想要確保當不履約的情況發生時，能夠獲得一定程度的保護。在複雜的國際條約談判中，幾乎總會有一個條款明確規定生效需要多少個國家簽署。

第三方加入談判，很容易導致任何可能達成協議的空間變複雜，因為三方對於任何一個或所有的議題，都可能有不同的偏好。決策規則可以要求所有參與者必須同意達成的任何最終協議（一致決規則），這個最終協議將涵蓋所有議題，

或者，也有可能在不同的議題達成不同的協議（某些議題是兩方達成協議，其他議題則是三方達成協議）。試想在立法協商中發生的滾木過程：第一方同意投票支持同僚的法案（例如撥款在他的轄區成立一個特別計畫），前提是第三方必須同意投票支持第一方的其中一個計畫。這種情況可以是三方交易，常見於許多協議中，尤其是銀行貸款、保證人、保險和許多類型的國際條約。

可以看看國際救援或軍事援助（或「威脅」撤除援助）的「承諾」，是如何影響接受援助者在軍事或外交處境中可能的表現。在禁止和管理捕鯨活動的國際捕鯨管制公約（International Whaling Convention）中，投票結果（影響到日本、挪威、俄羅斯和其他國家）向來都會受到「額外補償」（side payment；也稱邊際補償或投票交易）補助的影響，而額外補償補助的受益者是捕鯨委員會中不捕鯨的成員國家。這個例子說明了聯動的概念可能會決定達成協議空間的可能性。某些雙向或附屬談判可以處理在談判中和主要條款分開的議題。

多方談判必然涉及多項議題。決定哪些議題與某個特定交易有關，而這可能會改變，或者各方對此事的重要性會有不同看法。一個潛在協議當中的所有條款，取決於每一方能從其他方得到的東西。因此，想要在一個二維度的空間（甚至是三維度空間）中，測繪出能夠滿足所有參與者不同需求的所有可能條款，幾乎是不可能的。當多方參與談判時，想要改變結果使某一方更滿意，而不損害其他一方或更多方的利益，情況會變得複雜。如果沒有明確的決策規則說明何時算是達成協議，那麼除非每一方都同意，否則幾乎任何協議都不穩固，因為總是可能有某方與另一方進行另一項交易。

談判的其中幾位參與者或許會有可能達成協議的空間，但並非所有的參與者都是如此。在某些議題上，可能達成協議的空間亦有重疊之處，但並非全部。想像一下有許多談判方和議題圓圈的文氏圖，其中一部分重疊，一部分並不重疊（圖五）。

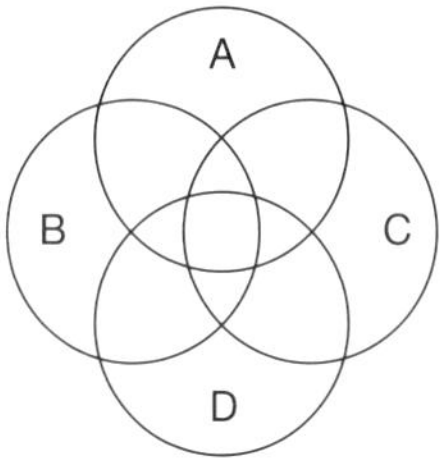

圖五　文氏圖：環環相扣的談判方和議題。

有多少個談判協議的替代方案？

當多方談判中的任何一方在考慮是否同意某件事時，他們也必須考慮其他可能的協議。這些談判方是否會有更好的協議？其他尚未上桌的談判方呢？如果我不繼續和這些人談判，可能會發生什麼不利的事（談判協議的最壞替代方案）？我應不應該找尋其他方並和他們談判？

要推測其他種種可能的談判雖然並非不可能，但多方多議題談判較難事先限縮範圍，因為有太多變動的部分會改變——有更多人向所有談判方同時提出提案，或向某幾方個別提出提案。

情報分享與處理

當談判方不只有兩個時（尤其在大型團體談判中形成次團體和聯盟時），情報的提供和處理會變得更困難。所有談判方是否會與其他方公平分享情報？是否應該有彼此都同意的披露訊息規則？如果某一方從另一方收到「機密」情報（在某個聯盟內，或者是為了改變忠誠），這項情報是否應披露給其他方？

在大型的正式談判中，可能有要求透明的談判規則，但在所有談判中，無論正式或非正式，幾乎沒有任何一個談判能完全控制情報的運用。在這些複雜的談判中，經驗豐富的談判者需要保持警覺，謹慎分析什麼情報可以透露給什麼人，還有評估與檢驗其他人提供的情報。訴訟中有正式的資訊交換（美國慣例中的先悉權），不過總是有人會運用更隱密的情報來源（間諜、私家偵探、背叛者、談判方過去的夥伴、告密者、不滿的顧客、配偶、競爭對手和其他人）。

聯合、同盟、承諾、背叛和不退讓

由三個一起玩耍的孩童所組成的團體，都能證明一個遊戲團體有多麼不穩固。小時候我與幾個「壞女孩」一起長大，一開始我們有三個人，後來有個女孩被排除在外。這位「落單」的女孩想盡辦法，用她的糖果和洋娃娃賄賂我們其中一個女孩和她一起玩。這種情況將持續到新的被排除在外的女孩利用其他引誘來破壞協議為止。這個小女孩遊戲的傷心故事（競爭，而非合作），經常在國際外交和結盟中上演。

試想第一次世界大戰的悲劇，「敵人的敵人就是我的朋友」，這個政治信條將奧匈帝國、鄂圖曼帝國與德國聯合起來，對抗法國、英國和俄國（他們之間也曾發生過衝突），此次戰爭以災難性的談判《凡爾賽條約》告終。結果種下新戰爭（第二次世界大戰）的種子，形成臨時的聯盟（美國、法國、英國和蘇聯），進而在冷戰期間變成新聯盟，西方世界（北大西洋公約組織）對抗蘇聯集團（華沙公約組織）。再看看當蘇聯面對內部改革的挑戰後，華沙公約組織如何瓦解，成員國接連背叛，宣布脫離蘇聯和華沙公約組織而獨立。

在任何同盟或聯盟中都存在承諾（簽署、抵押的保證或文件）和背叛（單純的退出，或轉向其他聯盟或交易）的問題。一旦談判者的數量增加到兩個以上，如果沒有明確的保證和執行條款，幾乎任何協議都可能不穩定。當然，雙方談判的協議有時會被違反，而參與者超過兩個的談判往往更不穩定，可能需要額外的獎勵或處罰條款。

如果聯盟之中已經產生了協議，能夠決定其行動對策，那麼和「不履行協議」（或背叛）問題有關的，就會是否決權或者拒不退讓。談判者群體中一旦形成次團體，而且已經有關於談判流程和實質結果的慣例或程序時，任何一個談判成員都可以藉由拒不退讓自己想要的目標，或者否決團體中其他成員的目標，以此來破壞或防止達成協議。從實務的角度來看，這就是群體內的內部談判，而且可能顯露出誰在聯盟中掌握權力。

美國布希總統在二〇〇〇年代初期的阿富汗戰爭和伊拉克戰爭中創設了「意願聯盟」（藉由恩威並施的胡蘿蔔和棒子策略來提供或拒絕美國的援助）。如果談判團體先在內部進行談判，再與其他團體談判，他們將能先思考如何做出關於談判流程和實質問題的決策。在任何一種談判中，如果有一方參與者為團體（例如工會、組織部門、爭論中的某一個黨派、政黨內的不同派系、國家或其他團體），想要讓這個團體先在內部達成且保持充分的一致，再與其他方進行談判，這就算是一個複雜的多方合作協商。

程序和基本規則

當談判中有多方和多項議題時，建立正式的議程以及一套用於個別談判的審議基礎規則，通常會有幫助。在北愛爾蘭復活節協議談判中，花費超過一年的時間在發展交戰規則，包括裁撤武器、發言和談話規則、決定談判的參與者（禁止暴力行為的個體參與）、代理規則，以及一些關於個別會議（幹部會議）的規則和違反程序規定的制裁。

一七八七年創制美國憲法時，在長達三個月的審議期間，有整整兩天的時間用於制定程序規則。這些規則包括：審議內容的保密、出席規則（在全體出席的會議中，只有全員在場時才投票表決）和發言規則（每位代表針對每個議題只能提出兩次評論，而且在所有想要處理該議題的人都發言之後，才能進行第二次發言）。除此之外，代表們成立了專門處理特定議題的工作小組（而非對每個議題都進行全體審議），分派不同角色任務：記錄人（詹姆士・麥迪遜〔James Madison〕）、「中立的」會議領導人（喬治・華盛頓〔George Washington〕，只對重大問題發言過一次）和流程評論人（班傑明・富蘭克林〔Benjamin Franklin〕，他時常藉由禱告讓熱烈的談判活動冷靜下來）。

代表們也利用投票規則，包括不歸咎特定個人（如今稱作查達姆研究所〔Chatham House〕規則，譯注：該規則允許會議參與者自由使用所收到的資訊，但發言者以及其他任何參與者的身分和人脈關係不會被透露）、投票允許重新審查先前已同意的項目，以促進聯動、交易、條件協議和妥協，最後同意將最終版本的憲法文件全數付諸投票表決（讓最終完成的協議經由爭辯的正式簽署過程獲得正當性）。在參與人數眾多的談判中，時常會假設占多數票的國家（十三個出席數中的十二個）和委任代表（出席人數的百分之五十五）將控制決策。

在現代的複雜談判中，程序專家（促進者、調停者和共識建構者）往往能發揮效用，他們幫助建立架構和管理困難談判的過程，例如都市規劃、環境法規、社群關係、預算分配、立法和國際條約，以求達成特定的結果。專業的程序專家能幫助團體協商建立其基礎規則，讓團體自行建立的基礎規則能夠得到正當性和確實執行；而且他們可以使用其他團體已經採用過的基礎規則範本（例如不得干擾別人、利用「發言權杖」輪流發言、緊急應變規則或修訂規則，以及審議時禁止使用暴力、侮辱、威脅或其他妨礙舉動）。

決策規則與投票

進行多方談判時，如何確定已經達成協議？在複雜的情況下，針對實質條款的決策規則達成共識是非常有用的。這是一個複雜的議題，而且受到數學、賽局理論和策略性投票理論的影響。投票方式會大幅影響協議能達成的結果，談判者應該了解每種可能投票方式的意涵。

在西方民主國家，大多數決議的預設投票規則採取多數決原則（全部投票人數的百分之五十再加上一張選票）。這個原則是假設票票等值，但有時並非如此。歐盟、世界銀行和其他組織在分配投票效力的百分比時，會根據金融貢獻、人口多寡、國民生產總值或其他類型的投票效力「加權」計算方式，因此某些成員擁有更大的投票「分量」。多數決投票雖然時常可以有效達成有一定支持度的決策（並非全體共識），但也意味著數量極大的少數（百分之四十九．九九）可能對最終的決定不滿意。

所有的投票規則都得遵從影響結果的「規則中的規則」（rules within the rules；意思是在投票規則中，是否有其他規則）。這次的投票結果是根據實際投票數（納入棄權票）的多數決嗎？還是根據有資格的總票數？或者是根據會議出席人數的票數？某些團體和組織利用更嚴格的投票規則，以獲取更高的決策正當性，例如三分之二或四分之三的「絕對多數」投票規則，甚至是投票者全體一致同意。當單一實體能否決多數意志時（例如在聯合國安全理事會），即便是絕對多數規則也無法批准一項協議。

試想不同投票規則的不同結果。簡單的多數決投票比較容易實行，但也可能不穩定，因為存在強烈反對的少數。絕對多數投票制可能較難實行（花費較多時間來召集較多的人），但一旦完成，結果的接受度可能更高。尋求全體共識或接近全體共識，能激勵談判方去找尋更有創意的解決方案，滿足所有談判方的更多需求和偏好。更難以處理的情況，則是尋求無異議的協議或全體共識，這或許能帶來「可令人滿意的」（但並非最理想）妥協或「最小公分母」。

有一個例子可以說明投票規則所造成的差異。大學教職員的任用可能採取以下任何一種規則。多數決投票意味著大多數人，但並非全部，同意任用某位候選人，但不需要每個人都同意，如此一來可能會產生更為多元的成功候選人。許多年以來，至少會有一個大學科系要求一致決通過——也就是全體共識的任用標準，認為這是一種對候選人品質的高標準要求。但這種投票規則會導致教職員對該領域的爭議性議題會有較為相似的看法，而沒有達成多元結果。三分之二和四分之三規則提供了一個中間點，大多數人對任用達成一致的意見（但並非全部），因此容許部分異議，也得以確保對「多數」的較高接受度。

當群體投票表決許多事情時，這些投票規則及其結果尤其重要，所以在每次投票時，可能會產生影響結果的聯動或投票模式的歷史。此處涉及的另一種投票形式議題是滾木，亦即採用交換投票來影響特定結果：如果你現在投給我的候選人，下次我會投給你的候選人。

談判的投票偏好（尤其在可能的選項中做決定時）會因為各種數學悖論而更為複雜。孔多塞悖論（Condorcet paradox）告訴我們，人們的投票方式可能會受到選項的順序所影響。請讀者思考，如果有三方參與者和三個可以選擇的選項，三位參與者對於第一順位、第二順位，以及第三順位的選項偏好不同時，可能就會針對每個不同的選項進行依序投票。依序投票完成後，選項A勝過B，而選項B與選項C競爭時，由選項B勝出，但是如果選項C勝過選項A，又會發生什麼結果？在依序投票下，後出現的選項往往勝過先出現的選項（對照之下似乎更好）。將此情況與單一提案或提議的定錨效應做比較。在多方和多議題談判中，聰明的談判者知道如何操縱提案的出現順序，來達到他們想要的結果。

當個人在群體環境中投票，在多個議題選項下有不同的偏好排名時，想要確定整個群體對所有議題的穩定偏好，這幾乎是不可能的（即不可能定理〔the impossibility theorem」）。在這種情況下，投票可能以單一議題來確定偏好，但多個議題結合創造出一個「配套」提案時，偏好可能變得不同，而不同議題的偏好加總後，則是會創造所謂的「不可遞移」偏好（instransitive；某個議題的偏好無法轉移到另外一個議題，又稱為不穩定偏好）。當其他方在談判中提到新的提案（接連或逐次），而且各方對於提案的不同要素有不同的偏好時，情況會變得更為複雜。

投票情境中一個難以處理的問題是策略性投票，意思是為了阻擋其他提案或操縱投票規則，刻意用錯誤的方式呈現真實的偏好。回到教職員投票的例子，如果我們提供的職位數量是有限的，並且需要用偏好投票方式針對候選人進行排序，人們可能會把自己認為別人偏愛的候選人放在最後，讓這些人在票數的加總中墊底。

某些投票問題沒有簡單或數學的解決方案，但可以讓談判方完全了解投票規則確實會影響他們正在決定的議題，由此來加以管理。在任何實質的談判發生前，專業的促進者能藉由解釋程序和決策規則，幫助管理這些過程。京都環境乾淨空氣協議（Kyoto Environmental Clean Air Accords）的國際協商談判就聘僱了專業人士，為出席的外交談判者提供指導，縮小在談判專門知識上的權力不平衡。這種在談判之前的訓練，有時也可幫助大型團體的談判代表人建立與評估委託人偏好的規則方式，以及是否應該公開臨時提案（與媒體有關），或維持臨時提案保密性質的規則方式。請記得，公開透明聽起來往往是好的價值，但提出公開承諾可能會妨礙更有創意的解決方案，以及限制了談判者被授權去做的事。

排序議題和談判方

當我們知道談判涉及的不只一方時，必須事先決定是否要形成聯盟。我是否應該先與我的朋友談判並取得他們同意，或者應該設法先說服比較棘手的人？敵人的敵人是不是我的朋友？在面對國際關係中的這些談判困境時，美國哈佛商學院教授詹姆士·塞貝尼斯（James Sebenius）指出，在選擇接觸談判方的順序時，要理解背景脈絡的重要性。他提到兩位美國總統老布希和小布希（他們聘請了幾位相同的顧問），兩位在成功組成聯盟時做出不同的排序選擇。

一九九〇年伊拉克入侵科威特時，老布希想在獲得國會同意後採取軍事行動。他知道越戰時期造成的大量傷亡以及美國政府的聲譽受損，依然深刻地影響美國國會議員和大眾，因此擔心國會不願同意，所以老布希與老練的外交人員合作，希望成立阿拉伯國家之間的聯盟（並且說服以色列，如果遭遇攻擊，不要採取個別行動），再到聯合國尋求國際解決方案。取得聯合國安全理事會決議後（先利用國際社會），老布希才到美國國會尋求批准軍事行動。相較之下，二〇〇一年九月十一日，當紐約世貿中心遭受恐怖攻擊後，美國人民出現前所未有的團結，小布希立即前往美國國會，要求同意對阿富汗展開攻擊，然後宣布「意願聯盟」（利用胡蘿蔔和棒子雙管齊下的外援來召集）將加入這場行動。老布希沒有先找「自己人」（美國國會），而是召集了一個國際聯盟後才要求自己國家的授權。小布希則快速獲得批准和訴諸「自己人」，並利用美國遭受攻擊後的憤慨來削弱國際社會可能的非難。

這些鮮明的例子說明在多方聯盟的背景下，排序或是塞貝尼斯所稱的「後推規劃」（backward mapping）的重要性：試想我們在多方談判中想得到什麼樣的結果——我需要跟誰談話以及按何種順序？有什麼不同模式？我需要哪一方來拉攏別人？如同政治戰略家暨前芝加哥市長比爾．戴利（Bill Daley）所言：「我們能不能找到帶來關鍵人物的關鍵人物？」從想要追求的結果後推規劃，我們規劃合適的管道，讓正確的人物依序加入，藉此吸引其他人加入我們的行列，達成最後的協議。

如何與其他方打交道，本身就是一個談判議題：我們是否要私下運作，對許多方做出相同的承諾或附帶協議（冒著被視為雙面祕密運作者的風險），或者公開提議（出價或拍賣），觀察誰願意提供何種條件而成為聯盟的一份子？在重要的多方談判中，例如國際外交談判，考慮是否禁止或限制私下（幹部會議）會議的次數和場所（依照可實施的程度），這是有用的做法。在許多的多方談判中，我們無法真正規範各方如何與彼此接觸（在私下的談話、飯局等等）。巴黎協商時的「桌外談判」（back table；又稱雙軌談判）終結了越戰，正如一九八〇年代的美國伊朗人質談判事件。有人認為，富蘭克林的酒館手段成功迷倒了美國制憲大會的代表們，讓不友好的夥伴團結起來，其功效不輸給正式的制憲起草會議。

團體迷思與異議

許多人將焦點放在團體談判時達成共識的困難，但社會學、心理學和組織行為的研究顯示，深思熟慮的團體可能會有相反的問題：團體迷思（groupthink）阻礙他們思考來自團體之外的想法。當心態相似的人待在同一團體中，他們會強化彼此先入為主的概念，而無法看見其他重要的考量。試想現今許多國家的政治僵局：美國的民主—共和黨；英國脫歐中的工黨（留）—保守黨（去）。在這種情況下，對特定議題的看法會因為基於團體成員認定的共同信念而「閉鎖」。

極端的極化（前一章提到的反應式貶低問題的其中一種變化形式）意味著彼此相似的人加強了團體成員的看法，因此貶低來自「團體之外」的任何事物，結果妨礙他們去思考自己熟悉概念之外的想法或選項。基於這些理由，許多人指出異議和腦力激盪在團體中的重要性——能夠刺激我們思考更多選項和擴展提案的範圍。

促進／調停／建立共識

以上探討的議題和其他重點，包括談判中的權力不平衡、代表性，以及團體代理人或發言人的課責性，都說明了更為正式的協商架構有益於複雜的多方談判，而協商架構應該將談判的促進者以及協助建立共識的專業人士都納入。專業人士知道如何管理會議、議程發展、程序規則和規劃、投票和其他決策選擇，並且能協助不同背景下的談判者處理利益問題與闡明需求，在面對情感的、政治的以及其他類型的差異時，創造適合相關局勢的談判過程。在許多不同領域努力達成協議的優秀談判者，必須學會使用「過程多元主義」（process pluralism）或「適當的解決紛爭方案」（ADR）。

促進者是談判過程的管理者，應該保持中立、與談判參與者沒有私人關係，並且能夠協助規劃和實施基本規則、程序規則，以及投票與決策規則。

調停者是談判的促進者、第三方「中立者」，可能是談判方知道的人物，又或是因為本身的實質專長而獲得聘請。他們管理談判過程，也藉由促成有創意的解決方案來協助談判方。他們通常（在核心會議或聯合會議中）針對溝通議題指引談判參與者。他們也會協助評估提案（稱作「現實檢驗」〔reality testing〕，即評估提案實際執行的可能性）以及提出意見。在國際關係中，某些調停者被稱作「強力調停者」（muscle mediators），他們對談判參與者提出承諾，提供援助或其他的激勵措施，讓談判參與者達成協議。調停者並不決定任何實質的談判內容，因為這是不同的仲裁或裁決過程。然而，調停者特別有助於提問，以及鼓勵談判方探究疑問、對另一方的好奇，或者要求更多資訊情報，還能推進更有同理心的人際互動過程，強化溝通和相互瞭解。

共識建構者是一種比較新穎的專業談判協助形式。這些談判專家從事案例分析、檢視利害關係人、起草議程和問題測繪（透過詳細訪談有利害關係的談判方和利益團體），在公共政策、社群、管制措施和國際情境中促進更為正式的談判，在危機或高度衝突的局面中，例如社會抗議，也越來越常仰賴共識建構者。

複雜談判的模式

複雜的談判涉及許多不同類型的議題，包括創制（憲政問題、組織構成、合夥關係）、更為臨時性的協議、特別協議，或者單一議題且涉及多方參與者的任務型談判。有些協商談判的目的是為了產生永久協議（婚前協議、憲法、條約、公司章程），有些則是更屬於附帶性的內容，而且可以修改（例如公司的運作方式或者地方法〔相較於公司組織章程或憲法〕與聘僱契約），此外還有一次性的談判。有些談判會涉及爭論中的價值觀主張，有些則可能涉及強烈的情感或政治承諾。有些協商談判含括不只一種論述（理性、激情、道德、政治），需要有「居中」的條件協議和談判管道，提供各種選項，調節彼此有差異的利益。表三說明了由談判參與者直接處理或者仰賴促進者等模式，協助不同類型的談判。

政治科學家瓊・埃爾斯特（Jon Elster）把相同歷史時期（一七八七至九一

表三　衝突解決的模式

論述模式	原則型（理性）	討價還價型（利益）	情感型 （需求／情緒／宗教）
過程形式：			
封閉	特定的法庭訴訟程序；仲裁	美國憲法的談判形式；外交	調停（例如離婚）
開放	法國憲法的談判形式；庭審；仲裁	公開談判；特定的勞工問題	對話運動
全體出席	法國憲法的談判形式	談判協商後制定的規則	市民大會
委員會	教職員委員會；任務小組	美國憲法／美國國會	黨派會議—利益團體
專家／促進者	建立共識	小型庭審	公開的會談
自然的（無領導者）			草根組織／世界貿易組織抗議
永久的	政府、制度	商業組織、工會	宗教組織、匿名戒酒會、體重觀察員
創制的	聯合國、國家憲法	國家憲法／專業協會	公民正義運動、和平
臨時的／特別的	議題組織／社會正義	利益團體	雅痞、新世紀、治安維持成員

原則＝理性，訴諸普世主義、法律

討價還價＝利益、偏好、交換（交易）、妥協

開放＝公開或透明的集會或活動

封閉＝保密、祕密的過程或結果（和解）

全體出席＝全員參與、聯合會議

委員會＝任務性團體、幹部會議、全體的一部分

專家／促進者＝由專門知識引領（引導過程、引導實質結果，或兩者皆有）

自然的＝無領導者、草根的、特別的

永久的＝組織的、制度的

創制的＝憲法的

（來源：C. Menkel-Meadow, Introduction to *From Legal Disputes to Conflict Resolution and Human Problem Solving*〔Ashgate Press, 2003〕）

年）完成的美國憲法和法國憲法的制定過程進行比較，說明不同談判過程的影響。法國人採用哲學家所稱的「第一原則」，選擇開放式、多半公開和全體出席的審議過程，相當於現代記者招待會的方式，每天向大眾公布結果。美國人則發展出任務型分工，在保密的情況下共同投票表決憲法的條款和最後的完整文件。希望在公開談判中尋求透明度的人，認為美國的制憲談判是「次優的」。然而，即便美國曾發生過南北戰爭和迄今為止的二十七條修正案，美國憲法仍被證明是一個更健全、更持久的協議。為何如此？因為非公開會議中的談判容許更多的交易，談判方可以改變已公開表態的立場，如同在美國制憲大會中罕見的聯合合作關係。同樣的，委員會談判容許較小的團體討論協議，這些協議後來可能關係到其他特別委員會所提出的修正案。

法國在制憲國民代表大會時，幾乎每天向「人民」提出公開報告，反而在法國大革命期間和往後的時期產生更多公共衝突（以及最終持續的黨派暴力）。雖然無法將談判過程的所有差異當成是協議後的憲法是否健全的「原因」，但這些例子說明了談判過程的選擇確實重要，而且會影響實質結果。

在表三，我們用「是否採用專業的促進者」來區分談判過程。舉例來說，許多評論者認為政治運動「占領華爾街」（Occupy Wall Street）之所以無法成功，是因為這個運動從來沒有「領導者」清楚表達訴求和達成具體改革的特定提案。占領華爾街可以主張，這場運動就是為了刻意創造一種更符合自然且沒有領導者的運動，但是這個運動本身和其主張經濟平等的訴求，終究無法維持。民主審議談判的其中一種弔詭和挑戰在於，確實有一種潛在的需求必須仰賴促進談判的專業知識，藉此組織議程、考量投票規則，以及引導談判獲得豐碩的成果。

如同表三的說明，談判涉及不同的理據論述（原則、法律；即表格左方欄位），還有情感、堅定信奉的政治承諾、道德、倫理訴求，宗教或其他價值觀（例如墮胎權、動物權、移民政策；即表格右方欄位），以及表格中央欄位的「討價還價」或利益需求的交換；作為解決問題的談判，或許彌合這些差異會是達成可行解決方案（即使只是有條件的解決方案）的唯一辦法。

國際的複雜談判（外交）

國際談判是複雜談判的一個特例。除了以上討論的所有議題，還有語言、文化假設、歷史，不同的議題之間幾乎總是存在著聯動關係（貿易、軍事、文化交流、貨幣等等）。許多書籍提出關於面對「不同文化」的談判建議，但往往過度簡化，而且更容易不精確地假設一個文化是同質的或只有整體的面向。如同在任何商業、法律或國內談判中，比起假設所謂的文化差異，研究特定談判方和議題，以及在必要時聘請第三方調停者（甚至是翻譯人員）處理跨國談判是更好的方法。

研究文化差異的文獻（無論以經驗為基礎的人類學或社會學作品，或者是以比較通俗的論述作為支持）提出以下方面的差異：不同文化中的時間安排（精確或約略）、直接或非直接的溝通方式、更為同質的文化或更為多元的文化、秩序階層的文化或平等主義的文化、性別差異、階級差異，以及責任鏈（chains of accountability）等。這些談判建議指南告訴談判者要如何發言、運用什麼樣的身體語言、攜帶什麼禮物、如何同意或拒絕（點頭在不同文化中代表不同含意），甚至是如何穿著。

有經驗的國際談判者，無論是公共外交領域、私人企業領域，或者法律專業人士，現在通常都已經建立了自身獨特的談判者「類別」（class）。文化的差異更有可能展現在談判方法（合作或競爭）中，這取決於談判處理的議題。如同美國國務卿安東尼·布林肯（Anthony Blinken）談到中美關係時所言，「我們在應該競爭時會競爭、能合作時會合作，而必須對抗時會對抗」，指明談判方法隨著議題、風險、主題、時機和談判方而不同。就像任何與代理人和委託人（律師、掮客和外交官）的談判，國際談判總是同時在許多面向和層次上運行，並且涉及結盟、國內選民的觀點、政黨和總統／首相，當然還有競爭對手。

第七章

談判中的倫理和法律議題：達成可實施的協議

我們在談判中對他人有何義務？我們應該如何對待他們？本章探討達成令人滿意且可實施協議時的倫理與法律議題。倫理議題包括大的「宏觀」（總體）議題：判斷談判的結果或目標，以及何時應該和不應該談判。在什麼時候妥協是道德容許的，或者是個好主意？如何評估在達成的結果中，我們是否對涉入談判的人，還有那些不在談判桌上卻受到影響的人做出正確的事？

談判也牽涉到我們所選擇的行為，亦即談判手段的判斷：我們在談判之前、期間和之後所做的「微觀」（個體）選擇。談判達成的協議有其倫理結果，在達成協議的過程中也會有倫理結果。談判達成的協議能否實施，取決於法律條件。當談判協議不被遵守時，談判方可能提起訴訟、宣戰或採取報復以及復仇行動，或致力於寬恕和克制，啟動新的談判，解決違背協議的問題並達成新協議。

談判或不談判？

在任何談判中，我們面臨的第一個倫理難題是：應不應該進行談判？我們想要和誰達成什麼結果？我們應不應該跟希特勒這樣的人談判？若對象是神學士（塔利班）？實施種族隔離政策的政體或殖民強權？我們的敵人？一個有違背協議惡名的商人？當我們思考其他的談判參與者是否邪惡且不可信任，又或者是情況不允許我們達成任何退讓的解決方法，也不能妥協時，這些問題就會浮現。

現代談判理論中最常見的案例研究，是張伯倫在慕尼黑談判中的困境。張伯倫到底應不應該進行談判？他為何如此妥協，放棄第三方捷克斯拉夫的主權？人們現在會以後見之明的偏誤研究這個案例。在一九六二年古巴飛彈危機期間的約翰·甘迺迪，通常會被並列為另外一個不同的案例：藉由發布可能引發戰爭的威脅和海上封鎖來測試赫魯雪夫的決心。美國宣稱「絕對不會」與扣押人質者談判，但真是如此嗎？（試想一九七九年在阿爾及利亞人的調停下，在伊朗的美國人質獲得釋放）對於更貼近日常生活的談判來說，上述和其他類似的「邊緣外交」（brinkmanship；將局勢推至瀕臨戰爭邊緣的外交策略）、政治、人質扣押和軍事談判的案例研究，其參考價值可能是有限的。

我們應該如何衡量張伯倫決定與希特勒談判的倫理問題和成效？當時有什麼其他選項？就倫理角度來說，我們是該聚焦在義務、正義和正確（道義論），或是關注於權宜、有效、更為符合功利？我們的選擇對自己和其他人所造成的影響（結果論）？我們如何思考短期的情況（先建立目前的和平，爭取為往後戰爭做準備的時間）與長期的結果（在慕尼黑會議中採取比較強硬的行為會不會阻止戰爭的發生）之間的關係？

歷史固然重要，但我們可能過度關注這些鮮明的前例。請回想一下，越戰在美國人心中造成過於慘重的代價，有鑑於此，小布希總統在伊拉克入侵科威特後所採取的方法。曼德拉（Nelson Mandela）藉由緩慢地談判，獲得自由之身，並且因寬恕其囚禁者而揚名，終結南非的種族隔離政策。曼德拉更重視的是未來，而非復仇以及為了過去的不公義發起內戰。這些和其他許多鮮明的例子雖具啟發性，但脈絡非常重要。我們用類比的思維來決定是否與某個邪惡政體或邪惡之人談判時，腦中思考的究竟是希特勒，還是我們的政敵？這個談判者或他的政體確切的邪惡之處是什麼？哪些事實似乎是相同的？哪些是不同的？拿破崙和希特勒在俄國的敗北是否證明了有效的類比（你能否在俄國人比較熟悉的雪地裡贏得戰爭）？這也是喬治・華盛頓在雪中的福吉谷（Valley Forge）對英國人做的事——天氣對戰爭相當重要，但對於在室內的談判沒那麼要緊，然而談判地點的其他層面可能是重要的。決定是否進行談判，以及如何進行談判時，哪些事實和條件最相關？

談判的過程很重要。在所有的談判理論中，最具爭議性的原理，或許是我們希望只要談判仍在進行就不會把事情搞砸（或失敗）。如果我們在談判中與某人對話，他們可能需要我們的某樣東西，而我們也需要他們的某樣東西，持續談判就會透露出雙方的關鍵利益何在。進行談判或許有助於蒐集情報，即便我們最終選擇不達成協議。

在分析時將最重要的議題視為「基線」（底線）：如果我們什麼都不做，會發生什麼事？現狀是什麼？這個邪惡的政體或人會不會繼續造成危害，或攫取更多資產，或可能有某種介入能改善情況？

有沒有談判的替代方案？我們是否必須與這個特定的對手談判？我們可能需要從這個邪惡的人或政體那裡得到什麼？如何得到？如果不能直接獲得，又能間接獲得什麼？當我們在判斷某個特定談判的道德問題時，在我們的選擇之外，其他替代方案的相對道德價值是什麼？

在困難的局面中有什麼可能性？某種類型的開場、第一步，甚至是妥協，是可能的嗎？漸進調適（incrementalism）何時更勝於宏偉的絕對判斷（absolute judgments）？有沒有根本不應該進行談判的情況？在對於談判脈絡的研究之中，必須記住的是「絕不說絕不」和「絕不說永遠」。

談判達成的任何一個協議都會被確實地遵守嗎？談判得到的協議讓事情變得更好或更壞？與壞人打交道，或者繼續與邪惡的政權談判，藉此約束其暴行，又會在何種情況下，成為邪惡行動的共謀者？

妥協或不妥協？

對於在談判中尋求「純粹」結果的人來說，幾乎任何妥協都像是失去了原則。妥協似乎意味著「放棄」：妥協就是各讓一步，推進至各種爭論可能性的「中間點」。但妥協有其本身的道德性。如果沒有談判和妥協，我們身為人類可能幾乎完成不了任何事，包括制定法律、國際和平條約、銷售協議、家庭度假、紛爭和解與公共政策。妥協本身具備道德價值，只是在哲學、倫理學和談判中被過度忽視。

對許多人來說，放棄了某樣東西，彷彿就像失去一個人的誠信正直、靈魂或自我概念，尤其在涉及某個原則時。但對於其他方來說又如何？有時同意與某人談判，事實上是賦予另一個人平等的價值和尊重。請讀者想一想，當關係可能比談判的議題更重要時，在第三種談判模式中，關係有何作用（見第二章）？能夠達成協議，可能會比一個特定的原則更重要。妥協本身可能就有內在價值，因為妥協讓行動得以發生（立法、和平協議、交易）。從馬基維利（Machiavelli）、馬丁・路德・金恩（Martin Luther King）到曼德拉等領導者，身為務實的政治人物，他們曾說為了達成往後更宏大的目標，在彼此衝突的各方之中循序漸進地妥協，可能是必要的。

當然，我們必須從「時間變化」的角度衡量所有的妥協：目前看似有利的妥協（慕尼黑會議），日後或許是錯誤的，正如許多人認為訴諸妥協，最終只是延長了達成真實目標的時間。美國憲法的奠基者利用許多妥協打造出他們的治國文件，包括繼續承認奴隸制以及違反民主精神的選舉制度（參議院和選舉人團），然而在當時，許多人認為這些妥協優於替代方案，後者可能意味著國家無法統一，對於這個新生國家的公民和金融發展來說，國家無法統一可能會導致更進一步的混亂，但妥協讓沒有參與談判的第三方——被奴役的人們，付出了龐大的代價。

當談判方只是為了達成協議而「各讓一步」，或者運用恣意的價值標準時，妥協會被視為沒有原則。各讓一步的解決方案往往是有效的，尤其歷經長久的討價還價後，在可能達成協議的空間中，雙方已經非常接近，但還是有難以處理的差距。妥協也能被當成是展現想要達成協議的誠懇舉動。妥協是比較偏利於其他方的提議，但依然能爭取根據某種原則的價值分配，而不是採用各半退讓。請想想這個故事，所羅門王提議「將嬰兒切成兩半」分給兩個爭奪嬰兒母親資格的女性時，真正的生母願意「放棄」屬於她的一半，拯救孩子性命。有時你必須願意放棄某樣東西，以便獲得更重要的東西作為回報。

正如所有的談判協議，妥協依然必須受到「雙方是否同意」的道德評估。強制、脅迫和極端的權力不平衡，在道德上是有問題的。所以在妥協之中，當其中一方的權力遠大於其他方，我們可能會認為這個妥協是不道德、不符合倫理，或者是不公平的（這種精神也銘刻在法律中，法律對於定型化契約〔contracts of adhesion〕有一定程度的限制）。妥協看似不道德，但對於同意妥協的人來說，在某些情況下，妥協可能會拯救性命。脈絡很重要。為了拯救你孩子的性命，你願意做什麼？拯救你的配偶？你自己？或別人的性命呢？

在某些情況下，妥協有正面的益處。試想在現代許多西方民主國家中陷入僵局的政黨。一黨統治可能更有效率，或能「更成功」地達成目標，但相信民主制度的人，則是更傾向於採用辯論和審議。過多的審議也會導致沒有作為。如果政治人物死守政黨路線和「原則」，我們可能一事無成。政治科學家支持採用更多的妥協，他們相信：妥協可以展現看法不同的人依然願意為了達成重要的共善目標，用相互尊重和誠懇的方式與彼此接觸，由此達成某種協議。在形成提案的架構時，如果能夠吸引超過一個的政治立場，就更有可能成功。

最後，若能準確地反應參與者的利益，那麼妥協就可以成為談判中更為「精確」的公平正義或結果。歷經多年的子女監護權歸屬爭論後，美國有一些州開始承認「共同監護權」的法律概念，子女可以跟離婚的父母親一起居住和接受他們的監護（輪流住在他們家），享有相等的親屬權，而不是「把孩子分成兩半」（共同監護權將兒童發展置於父親或母親的要求之上）。如果法律的原則與各方論述得以取得平衡，協商的雙方或多方擁有平等有效的主張，以及協商的參與者只是想要尋求讓漫長衝突造成的傷害或交易成本最小化時，這種妥協的解決方法可能尤其合適。

為誰談判，與誰談判？談判中的代理人

我們通常無法選擇談判對象。賣方提供我們想要的某樣東西，或者當我們想要賣東西時，某人會找上我們。國家之間會有邊界糾紛或貿易紛爭，一般人也會有糾紛，我們會在提出法律訴訟或遭到對方提出法律訴訟的前後，選擇與對方進行協商。有時我們可以選擇跟誰談判——希望創造商業關係、建立新組織，或與即將結婚的對象簽定婚前協議。在許多情況下，我們可能選擇一位代表來替我們談判——律師、中間人或代理人（經紀人），而另一方也可能這麼做。

我們應該挑選一個出了名強硬、喜歡對抗的人嗎？我們應該找尋有創意的問題解決者？我們應該知道對方或其代表人是以公平或是以強硬協商著稱？某些法律事務所有特定的名聲，個人也是如此，再想一想那些設法營造特定形象的國家領導人，例如「強悍」、「圓融」或「善於調解」。因此，我們選擇的談判對象

會影響他們的行為和我們自己的行為。在法律上，代理法的原則會影響委託人或代理人的哪些行為可以歸因於他人，以及委託人必須給予代理人怎樣的授權來代表他行事。

我們的選擇既是一種戰略決策，也是一種倫理決策。這個代理人會代表我們做什麼？如果我們是代理人／律師／中間人，我們可以代表委託人到何種程度？律師被告知要「熱忱地」代表委託人——一種特殊形式的「角色道德」，讓律師得以替委託人去做他們可能不會（親自）做的事。律師必須保密委託人的訊息，未經委託人許可不得洩露，所以他們不能自由地與談判對手分享每件事。來自不同背景或不同職業規則（某些專業人士有正式的談判行為倫理與紀律規定）的個人或專業人士一起進行談判時，會發生什麼事？對於思考讓誰與誰談判，以及談判者在倫理上和法律上能做到哪些事情，理解必要的倫理規則或法律規範的必要資訊細節（例如財產狀況、健康狀況）非常重要。

對於並未參與談判，但無論達成何種協議都會因此受到影響的人們，例如離婚協商中的孩子、環境保護協議中的未來世代、公司合併後的員工，或本國與他國的公民，談判者是否該對他們負責任呢？這是一個哲學思考問題，不是由法律回答的問題（至少尚未回答），除了極少數的情況（在美國的集體訴訟中，律師必須知會可能受到和解結果影響的人，並提供一定的訊息）。在道德上，談判者應該向受到談判結果影響的任何人負責嗎？談判者有義務對其他人保持公正嗎？

談判中的行為問題：我可以做什麼？我應該做什麼？

在評估談判行為時，區分以下問題是很有幫助的：為了策略優勢我們能做什麼；在法律上我們能做什麼；從道德觀點來看，我們應該做什麼。判斷的來源包含我們在一天結束後用於反思自己的鏡子、我們的宗教訓練、我們的父母親、我們的工作夥伴、拍下我們所作所為的影片、受到我們行為影響的其他人、媒體，以及最後的法院。

我們是否應該自行做出選擇，依據對方所做的事，還是遵守委託人的期待，來校準我們所做的事？脈絡是否重要，或者在任何情況下，我們都可以遵循談判行為的「金科玉律」嗎？

談判學者歸納出幾種類型的談判者：⑴總是將他們的利益最大化，視談判規則為可玩弄的「遊戲」，並假設其他人也在參與相同的遊戲，知道它的（隱約或明確）規則；⑵為了維護個人的誠信，願意做「對的」事情的「理想主義者」，即便傷害到自己或他們的委託人；還有⑶符合業界規範的「實用主義者」，他們知道自己做的事情會被其他人知曉，可能將影響到他們的脫身之計。某些經驗研究（大多出自實驗室研究，但少數出自實際談判經驗的自我報告，還有極少數來自觀察研究）證明，在許多類型的談判中普遍存在的競爭文化，確實助長了各種形式的說謊、欺騙或利用其他方。

想要評估談判中發生的事，其最大的困難之一在於：大多數的談判都是私下進行。私下談判妨礙了在大多數談判中制定更正式的行為倫理規則，因為沒有簡單的方法來觀察並執行特定的行為。在大多數情況下，我們的行為是自身的選擇，外界只有非常薄弱的約束（除了刻意讓協議在法律上無效）。極度不道德的行為可能會因為欺騙、強制或脅迫，導致協議無效。如果談判方對於不公平的安排感到怨恨，協議就可能遭到抗拒而不被遵守。因此，思考談判中的良好行為不僅關乎義務倫理（我是好人嗎？），也是工具性的（我能不能全身而退，這會帶來好的結果嗎？）。或許談判行為倫理最重要的監督方式是名聲。談判者在每個行為中的誠實、可靠、公平和值得信賴的程度，將會影響其他人與他談判和互動的方式。

說實話、說謊、欺騙、誤述

每個人都知道人們在談判時會誇大或「吹牛」。人們的要價高於願意屈就的程度，而出價會低於願意支付的價格。人們往往會誇大銷售物品的品質，或聲稱這個出價就是他們口袋中能用來購買的所有金額。在美國，談判方甚至會「誤述」他們的真正身分——大型組織確實會利用「替身稻草人」（取不同名字的子公司）購置產業，因為他們明白，如果賣方知道他們的真正身分，價格會更高。談判攸關情報，談判方幾乎總是相互詢問：關於物品的價值、關於情勢的事實（過去、現在和預測的未來）、關於他們希望在談判中達成的目標，以及他們願意同意的程度。我們是否必須在談判中說實話？

許多哲學家認為，我們必須永遠說實話。誠實意味著信任和尊重我們的人類同胞，以及承認我們面對的個體有其價值和自主性；在所有的公共決策中，公開透明是必要的，光是分配資源就需要知道資源在哪裡，而維持社會的整體健全需要知道人們在公開和私下場合都能保持行為的誠信。雖然哲學家權衡了一些重要的例外（為了拯救性命說謊是可允許的，例如當某個持槍的人問你的孩子在哪裡；為了保護自己；不告訴某些病人他們罹患末期疾病；被問及對伴侶外貌的看法時，不要說出「全部的實話」），基於對真相的責任感，我們應該建立鼓勵誠實的規範，這是遠比特定談判問題更重要的社會理由。其他人認為，談判已經創造出自己的「文化」，對於說實話有不同的期待。

談判的「法則」介於完全誠實和預期欺騙行為的兩個極端之中。舉例來說，在美國律師的倫理規則中，〈專業行為模範準則第四條之一〉（Rule 4.1 Model Rules of Professional Responsibility，律師紀律規則）正式表明律師：「不得對第三者進行不真實的重要事實或法律陳述。」然而，在對這項規定的正式注解中，法律談判者被允許對不屬於「事實」的事物，進行不完全誠實的陳述。這條注解主張，在協商談判中「普遍接受的慣例認為，特定的陳述通常不會被視為關於重要事實的陳述。對於價格的評估、對於交易標的物的評估價值，以及當事人對於一項法律事件的可接受和解條件之意圖，都屬於這個範疇，未披露的委託人的存在亦屬此列，除非不披露該委託人會構成詐欺」。

除了少數的例外，該注解也表示：沒有「披露事實的積極責任」。這條注解似乎接受了一個經驗主張，即談判者在談判過程中，不會完全說出他們提議的全部真相、他們對談判目標的價值評估、是否願意接受特定的提議，以及他們代表誰在進行談判。數十年來，談判學者和倫理學家努力想刪去這條注解，並讓這個規則明確成為「不容許不實陳述」的規範，但都以失敗告終，這顯示出習慣於某些謊言慣例的專業人士維護自身規範的力量。在反對改變這個規範現況的各種論述中，有一個論述認為，律師不應該肩負比其他專業人士或業餘談判者更為強烈的誠實義務，否則會在律師與其他專業人士（房地產仲介、掮客等等）競爭時，妨礙律師的專業能力。

談判中的欺騙、誤述和說謊有許多種形式：「吹牛」、刻意聲稱與實際不符的品質及價值、遺漏重要事實、沒有誠實回答問題、部分真實但不完整的陳述，以及扭曲意圖、動機或談判項目的價值。對於傳統的談判者來說，行為規範可能是「買者自慎」（買家自負風險）。更實際的做法是，買方應該自己做功課去弄清楚事物的真正價值，因為賣方沒有義務透露一切。

可惜對談判者而言，該說什麼實話會因為產業、背景以及該區域的司法系統而有所不同。在英美法系中，任何談判協商必須誠實披露的資訊，取決於關於詐欺和不實陳述的法律先例（普通法；不成文法），以及侵權行為和契約規定。此外，現在有許多法律（成文法）要求在特定情況下有義務披露，例如住宅（披露已知的缺陷）、某些消費產品、證券和股票銷售、與政治職務有關的資訊公開、納稅，以及特定的健康狀況。這些正式的法律規定，在不同的司法制度中各有不同，在聯邦體制（美國、加拿大、澳大利亞、德國）中相當複雜，可依照州、省，以及邦而有不同的法律規定。舉例來說，在某些司法系統中，詐欺的唯一要件是以欺騙意圖而進行的積極誤導行為（詐欺成立之後，可以使契約無效）。在其他司法系統中，遺漏或不披露重要事實，例如房屋屋頂的情況，可能構成詐欺或過失誤述。

更為棘手的問題是，如果協商談判中的一方詢問另一方關於重大事實的問題，而這個問題遭到迴避（並未獲得回答）時，應該如何判斷？這個情況屬於蓄意忽略還是過失忽略？這種關於事實和法律的問題，就是法律訴訟和責任歸屬的焦點。

即使是「重要事實」如此明確描述的法律規則中，其解釋仍有極大的差異。其他出價者的存在是不是重要事實？一位重要的合併與收購談判者表示，多年來，只要有人詢問他的公司是否有「其他有意的出價者」，他幾乎永遠都會回答有，事實上，他通常會暗示有另一個買家近在咫尺，即使根本沒有其他的企業公司出價。這算不算「重要的」誤述？他的觀點認為，在重大交易中，買家有責任研究欲收購公司的經濟價值，這應該與其他現有的任何出價無關。其他人（包括經濟學家和倫理學家）則會主張，其他人是否出價，將會影響到一間公司（一間房子，或是古董市場的一件家具）的價值。其他人判斷的價值會影響價格，所以暗示有其他出價，對於價格判斷來說是「重要事實」。

試想某位賣家想要出售一間昂貴的公寓，他在這間公寓的開放參觀中邀請了幾位朋友，朋友假裝很熱衷，大聲表示他們將會出價（高價）。某位買家看到這些「誘餌」對於該間公寓的喜愛，於是開出更高的價格並成功簽定契約（以超出要價的數目）。後來這位買家得知事情原委，他能在法律上撤銷這筆交易，因為至少有一個法院認為此事屬於詐欺性的價格操弄。

大量的行為研究已經載明，大多數人自認的符合倫理規範程度，其實高過實際的程度，也認為談判對手比自己更不符合倫理規範。這種情況被稱為談判的倫理「盲點」，也會影響我們如何在認知中處理資訊（我們應該信任誰）以及合理化自身（動機偏誤），認為我們只是合理地「應對」一位「騙子」和談判對手的欺騙行為。或許我們只是利用「普遍接受的習俗慣例」合理化自己不夠坦率正直的行為。

因此，在所有的談判中，重要的是提出許多問題，還有調查事實、人員，以及條件情況。持續提問和要求答案，在可能的情況下要求以書面形式回答，就是避免欺騙行為的一個辦法，或者，至少必須明確記錄對方的回答。

其他不道德的戰術、花招和極力討價還價的問題

雖然誤述、吹牛、虛張聲勢和說謊都是明顯有道德問題的常見手法，但許多談判者還是會運用一些強硬的討價還價技巧，以及第四章提到的卑鄙手段。經驗研究證明，這些戰術的運用和可接受程度，因產業、職業和性別而有極大的差異（女性使用這種戰術的可能性明顯較低）。某些談判專業人士希望以道德規範來禁止這些行為。每位談判者都要面臨的困境是：⑴是否要運用這種戰術；⑵如果對方使用這種戰術，應該如何應對；⑶是否舉發這些戰術；或者⑷設法改變談判

的（倫理）文化。

這些戰術有效嗎？在以代理人為基礎的談判中，當事人或委託人是否授權運用這些戰術，此事重要嗎？相關戰術能不能使交易無效，或成為遵守協議的阻力？它們是否可能導致某些不良結果，例如取消律師資格、處分或者使契約無效？使用這種戰術行為會創造何種名聲？

有一些保護措施可以防範這些戰術。「被看穿的戰術不算是戰術」這句格言說得好，因此所有的談判者，無論是遵守遊戲規則的談判者、理想主義者或實用主義者，都應該至少學習這些戰術，並思考適當的回應方式。

一個有效的辦法是：清楚地詢問或揭露現況。（例如，「你在星期五下午五點打電話給我，就是為了營造急迫感和假的最後期限嗎？我們等到週末之後再談。」）我個人偏好的方式是明確地說出：「你真的想要說X這句話（做出X這個行為）嗎？」（表明我知道對方正在使用的操控手法）。當談判者認為自己陷入困境，可能需要重整隊伍、尋求盟友，或是獲取更多來自談判桌之外的情報，此時我永遠都會建議談判者進行更多的準備與暫停。直接對話和提出比較具體的問題加上堅持，是將談話「轉變」得更具體的重要方法。在更技術性的層次上，談判者可以要求擔保、保證、條件協議、附帶條件，以及書面協議的正式條款（要求更為誠實的披露資訊，並且納入可能使用的法律補救措施）。

最後，我們知道並非所有的談判者都有相同的道德羅盤，而且還有情勢和參與人物會改變談判行為，但談判者的必要功課就是理解自身的道德底線，以及最好準備應對其他參與者的道德底限。

公平與誠懇

達成協議是所有談判的目標。談判者對於自己達成的協議的公平性，是否應該負責任？外交談判者考慮到協議對自己國家的影響，通常也無可避免地必須思考對其他人造成的影響，方能確保遵守協議內容。結束第一次世界大戰的《凡爾賽條約》被視是為由勝利者主導的談判，讓戰敗者（德國）罔顧條約內容、重振武力和尋求報復。談判離婚的父母親不僅必須考量協議對彼此的公平性，還要考慮到對子女的公平性。環境協議的談判者清楚知道自己是為了更好的氣候與資源利用，以及不在談判桌上的未來世代的生活環境而談判。複雜的合併與收購案的談判者，必須考慮到他們的協議不只影響到股東，也會影響員工與顧客，甚至還有普遍大眾（以及政府，如果政府仔細審查競爭行為）。從工具價值的角度來說，所有的談判者都應該考量協議的公平程度至少能確保協議內容獲得遵守。

公平是一個難以理解的概念，無論在哲學上或實務上都是如此。當我們問何謂公平或正義時，我們可能是在檢視實質的公平，包括分配的公平（各方是否得到正確公平的額度）、公正、平等以及程序上的公平（是否運用誠懇和透明的過程）。

有些人主張，談判達成的協議必須用法治規則衡量，法治的規則提供明確的法律認可，以及清楚地表達正式法律會將何種內容視為公義協議。但對於大多數的談判學者和從業者來說，公平是一個不同的概念。只要協議並未違法，當事人可以使用自己的公平定義——公平就是在特定情境案例中看似正確或至少是可達成的目標。

談判協商的目標通常是為了替當事人達成具體的協議（經過他們的同意），而不是為了「一般大眾」創造法律規則。在許多情況下，專業談判者會使用各種概念，例如「產業規則」（The law of the Shop，字面意義為「商家法則」；以產業的慣例或標準作為考量，常見於勞動法）、「合理的商業實踐」（銷售法）、習俗慣例（誰應該為了四處遊蕩吃草的牛群支付費用？），或者是特定商品財貨的「現行費率」（市場價格）。這些都屬於公平的概念，有時候經歷了數十年或數百年的協商，方能捕捉特定市場和特定社群對於公平的理解。有些談判協議是按照契約法或國際法的法律標準來衡量，但許多談判有自己內在的公平概念。

可執行談判的法律——契約、辯護、詐欺、誤述、顯失公平、違約、國際法

當談判完成時，會產生協議或契約。依其司法系統範圍和主題內容，這項協議可能是口頭形式，以握手來完成，或者寫成書面文件，由見證人或官員進行公證，還有在某些情況下，仍須經過其他人的批准（委託人、工會成員、公司高層職員、立法機關或國家）。有些談判必須符合某些正式手續才能完全生效，例如國際條約在完全生效之前，需經過特定數量的國家同意。

大多數書面的談判協議是契約，必須符合相關司法系統的法律契約規範。在普通法系國家，必須有要約（offer）、承諾（acceptance）和某種價值交換（稱作「對價」〔consideration〕）。在大多數大陸法系國家，只要符合適用的民法典條款，並且交換承諾，就足以構成契約。契約簽訂完成之後，會依照契約內容執行，也可能出現違反協議導致法律訴訟，契約的其中一方希望執行契約裡的協

議，或是契約的另外一方希望解除執行。

大多數的法律系統允許針對契約的執行提出特定抗辯。在談判期間藉由強制、脅迫、不當影響、失能、錯誤、誤述、詐欺或其他特定惡劣行為所達成的契約，可能會導致法院裁定該契約無效。大多數的司法系統，包括大陸法系和普通法系，都有特定形式的顯失公平原則（unconscionability doctrine）——法院可因實質條款（過度偏袒某一方）或程序上的顯失公平（不公平地受其中一方的操縱），裁定某個極不公平的協議為無效。這些訴求極少成功，但對於條款幾乎沒有經過協商談判的「定型化契約」，已經日漸受到關注。歐盟和其他某些司法系統建立消費者保護法，如果特定的契約並未經由自由協商達成，就能藉此宣告無效，但在評估協商談判過程的公平性時，網路世界凸顯出嶄新的難題。

還有其他可能影響談判協議執行的契約規則，例如新冠疫情期間的不可抗力（force majeure）或不可履行，當時許多通過協商談判而達成的契約，都因為商業活動和旅行的中斷以及強制的封城事件而無法執行。如果協議中沒有明確的意外條款、排除條款、擔保條款，或者不可抗力條款時，許多受理法院都必須思考如何分配這種協議中的損失和風險。好的談判者不僅必須起草完善的法律協議，還要解決未來的問題、預期可能發生的問題和未來的風險。最完善的協議總是要考慮到意外條款，提供紛爭的解決條款——也就是參與者如何重新協商談判，或者解決協議內容產生的新爭論。

第八章

談判的未來

談判協商的過程是滿足人類眾多需求的必要行為。我們的談判方式正在改變與適應未來——網路線上談判、電子通訊談判、不同類型談判與爭論處理過程的混合類型，以及新的溝通方式讓每個人都更容易進行談判，但也使得談判變得更複雜，因為涉及了眾多跨文化的議題。關於未來的其中一個問題在於，迄今為止我們關注了幾種談判協商的架構，哪一種架構將會主導我們的思維和行為？在面對國際商業、氣候變遷、資源有限、文化交流和國內外衝突帶來的挑戰時，我們應該成為有創意的問題解決者，還是稀缺資源的競爭者？

談判的新形式：電子與虛擬談判

在你上次的購買行為中有多少的協商談判？你是在實體商店或在線上購物？在許多西方文化中，除了傳統的街頭市場，人們習慣於定價的存在，幾乎不討價還價。然而在許多國家，採購是透過協商談判來達成（汽車、二手商品、藝術品、珠寶以及幾乎全世界市場裡的食物）。我們越來越常透過網路平台購物（從二〇〇七年的百分之五，到二〇一五年的百分之十一，在本書寫作的當下，大約占所有商業買賣的百分之二十一）。像是 eBay 或阿里巴巴等網站經營的拍賣或競標，由匿名買家和賣家自行議價。其他網站則是提供文字訊息的對話頁面，讓買家稍微有一些空間，可以漫天喊價和合理出價。這種商業活動大多自動進行，無須人力介入，除非發生問題，需要退貨、退款，或者使用客戶服務。

eBay 是第一家提供大量且有效的線上紛爭解決的公司，對於購買商品有不滿者，可以直接在線上與對方聯繫處理，隨後也能要求線上調停者介入處理。有些客戶服務現在提供混合式的協商和爭論解決方法，一開始需要顧客勾選選項，也能轉至申訴專員。私營和公營實體所運用的線上協商方式，可將顧客的訴求簡化為事先擬定的範圍，或者自動產生回應，減少雙方提出自身需求，藉此達成良好的協商解決方案。

雖然有其限制，但是這種不需要面對面的互動模式，可以非常有效率，利用演算法、人工智慧和機器學習（例如，「如果申訴金額低於五十美元，而且顧客是第一次申訴，則直接退款」），如此一來，就沒有進行協商的需求。這種「數位協商」引發關於公平性的重要問題。依據演算法的程式設定，消費金額高的常客或電腦知識良好且有耐心的人會得到更好的待遇嗎？

現代的評比服務（例如 Yelp 和 TripAdvisor 網站）藉由讓消費者公開提出申訴（賣家也可以提出處理方案，雙方協商之後能夠取消負面評論）以及統整申訴內容，讓消費者知道自己不是唯一不滿的顧客，這提供了一定程度的應對公共空間。社群媒體和更多的公開要求也會促使企業採用網路群眾外包（crowdsourcing；與外包相似的概念，以網路上的群眾作為基礎）的潛在解決方案，從而擴展其觀念範圍（idea pool），追求更有創意的問題解決方式。然而，這種形式的公眾協商談判可能會錯誤地傷害名聲，導致更多對於誰是誰非的紛爭無法得到裁決。

某些司法系統例如歐盟，已經發展正式的線上紛爭解決方法和商品銷售的談判，範圍主要限於消費型產品領域（歐盟規章 524/2013）。許多國家現在使用線上申訴服務，藉此協商、和解處理，或用其他方式仲裁與公共事業、銀行、能源供應商、零售商、通訊業、交通運輸業，以及其他公共服務或私人實體單位之間的爭論。

法律條文和實踐方法持續地修正何種條件構成契約或違約，以及能夠採取何種法律規則做為補救措施。在一些司法系統中，法院（尤其是金額規模較小的法律訴訟）正要計畫開始完全採用線上運作（英國、加拿大的部分地區、美國以及澳洲），這對於我們如何行使法律權利會產生影響。有些人主張，聘請律師和其他協商談判代理人的需求將會減少，因為越來越多的人直接進行談判。像是 Zoom 和其他互動平台，這些都能夠結合互動式電腦輔助協商和個人化的紛爭解決方案。新冠疫情期間，某些形式的協商談判因此變得更容易（成本更低），因為談判者不需要前往適合雙方的中間地點見面開會。

早期用於解決紛爭的線上談判協商方式，包括電腦化的「第三方」調解服務，例如Cybersettle平台，各方將解決爭論的提議輸入電腦，有三次提議機會，由此建立可能達成協議的空間。這種處理方法的概念是：三次的提議機會能讓爭論的各方認識彼此的「極限」和「要求」。在這種自動化電腦輔助協商談判最初的模式中，所有的協商都被限縮在金錢的索賠要求上。如今已有可能在一個議價範圍內進行數字的協商，也能產生以文字為基礎、更為量身打造的複雜提案和提議。

對於可以進行談判的事情，新的溝通方式究竟是強化還是限制了有創意的解決方案，仍是一個有待回答的問題。有些人總是偏好面對面溝通，有些人則偏好匿名。新型的電子協商談判能夠同時包容同步與非同步的溝通，讓人們有更多時間進行可能的反思、研究和產生想法，以及在更為衝突的情況中，有較多的「冷靜時間」（cooling down）。然而，關於線上溝通的研究顯示，有些人與溝通對象並未處在同一個房間時，可能更容易升高衝突（這種情況稱為「謾罵郵件或訊息」（flame mail））。

混合形式的談判和紛爭解決方案

基本的雙方談判是大多數人類紛爭解決和締結契約的基礎。學習本書提出的基礎原理（協商談判導向的架構，風險與利益分析，以及數個關鍵概念，例如可能達成協議的空間、談判協議的最佳替代方案、保留價格、行為選擇、率先出價、原則、讓步模式、腦力激盪、有創意的問題解決方案），以及執行協議的倫理與法律原則後，我們也探討了在加入更多參與者和更多議題時，協商談判會如何變得更為複雜。現在，我們增加了虛擬的線上談判，還有多方的複雜外交協商在漫長時間中進行的代表團大型會議。試想伊朗核武協議的所有談判地點和耗費的時間，其中牽涉聯合國安全理事會的五個常任理事國、德國，以及歐盟。

許多國際談判是由公開的外交談判桌上的正式會談所構成（第一軌外交〔Track One diplomacy〕），但現代的許多國際談判也有私下的附屬談判（第二軌），包括越南—美國的巴黎和平協約（Paris Peace Accords，一九七三年）、美國—伊朗的人質談判（一九七九至八〇年），會中的次級官員利用試探性的言論和建議，觀察在正式提議之前還有什麼可能性。以色列—巴勒斯坦的奧斯陸協議（Oslo Accords，一九九三、一九九五年）運用另一種形式的外交談判（在第二軌之外）：學者和中階非政府組織的公民社會談判代表進行非正式會談，在全然保密、沒有政府充分授權的情況下會面，觀察各種可能性。這些會面通常被稱作「解決問題的工作坊」。

我們已經討論過國際談判中的調停，包括北愛爾蘭、波士尼亞—赫塞哥維納和中東。調停者認為自己「增加談判的價值」，無論是促進溝通、提出他們的想法，或者利用「單一主題」程序（one-text process），來消除直接由當事者談判或個別的「穿梭外交」（幹部會議）所造成的「反應式貶低」。僱用第三方的談判促進者、調停者、流程管理者或共識建構者加入雙方的談判，這種做法現在幾乎被運用在所有的人際談判中，從商業紛爭到公司合併與收購談判、營建計畫、家庭紛爭，以及使用受害者—加害者調停機制的刑事案件。

現在，談判與解決紛爭的專家已經屬於「紛爭處理系統設計」（Dispute System Design）這個新領域的一環，協助談判方規劃新活動，或者在衝突中發展出適合其特定問題的處理過程。南非的「真相與和解委員會」（Truth and Reconciliation Commission）的例子，可以說明如何發展一個細膩複雜的過程，讓種族隔離政策下的受害者、倖存者和加害者得以直接進行溝通，找尋真相、道歉、寬恕、負責，以及一定程度的特赦。在美國的大規模營建計畫（橋梁、道路、房屋和水壩）中，有一種「合夥」（partnering）關係，所有的承包商、建築師、次承包商和未來的使用者共同進行事先協商，不只討論契約的內容條款，也會探討在營建計畫進行期間彼此的關係以及解決紛爭的流程。

如今的談判專家會事先進行規劃、草擬契約條款和進行過程（稱為紛爭處理過程的「層級」（tier，縱向的處理）或「選單」（menu，橫向的處理）），隨後處理直接的協商談判、調停，有時則是混合的形式，例如調停—仲裁或仲裁—調停，而第三方的決策和流程管理，也會支援已經獲得幫助的談判協商流程。現代國際條約同樣提供紛爭處理過程中的階層方法（上述提到的層級）或選項方法（上述提到的選單），包括直接談判、直接談判之後使用協助談判、發現事實、調解、調停、仲裁，如果所有方法都失敗了，則是訴諸特定的決策仲裁。

私營和公營實體，包括聯合國、世界銀行、跨國公司、政府機構、大學和其他大型組織，也已經調整協商談判的程序，解決組織內部紛爭，例如人事聘僱與服務品質或產品議題。內部紛爭系統（稱作內部紛爭解決（Internal Dispute Resolution，IDR））或申訴服務會要求爭論的雙方直接進行談判，以此作為使用其他程序的先決條件。這些處理流程可能更符合成本效益，也可以採取對參與談判者來說更為量身打造的補救措施（例如移交轉讓、更換商品等），而且比傳統的法律補救措施更放眼於未來。

新型的談判也被用在正式的政府和公共政策流程。在美國，新的「制定談判協商規則」（negotiated rule making）召集所有不同法規領域的利害關係人（職業健康與安全、環境、原住民事務、土地利用、健保政策、交通政策），在政府當局公布法規之前，協商討論法規標準。這種制定協商規則的概念是：關於特定法規的公開協商論述，能創造接納更多共識的一套法規，人們會更願意遵守協商內容，而且減少事後的法律訴訟爭論。這類公共政策協商可以採取非正式的市政廳會議形式，或正式舉行的公開協商會議，也有可能舉行投票，產生正式的法規，例如許多美國城市的都市區域劃分和土地利用議題。

在發生極端政治衝突的某些時期，這種流程被用於解開政治僵局。一九九〇年代，來自美國兩黨的眾議院議員會在一間渡假村見面，討論能不能協商出新的議事規則以及符合規範的實務運作。這種會面只有短暫維持一段時間，但在目前更為衝突緊張的政治時代，依然有人持續提出建議應該舉行此種會面。

許多國家現在已經開始要求訴訟雙方在進入庭審之前必須進行協商。全世界的法院體系，包括大陸法系和普通法系國家，現在也會要求訴訟關係人進行義務性的協商和解會議，通常由地方行政官或法官協助。

未來的談判挑戰：資源與政治競爭中的全球衝突

雖然現代的法學、商學、公共政策學、國際關係學，以及初級與中等學校（還有提供衝突解決課程的專業學校）都廣泛地教導協商談判，但一般大眾（取決於社會的主流文化觀點）依然相信談判協商之中的傳統假設，也就是資源的稀缺性以及對抗。

許多談判專家和外交人員雖然已經創造出自己的文化，藉由尋找有創意的多邊問題解決方法，以及尋求和平的替代方案，取代資源稀缺性以及對抗等傳統協商談判假設，但特定的政治領袖堅持在貿易、地緣政治與經濟問題上採取強硬立場，這依然會帶來挑戰。此外，持續發展的氣候變遷危機與資源競爭，例如淨水、空氣和能源，還有國界紛爭等等，形成了最重要的挑戰：民族國家是否願意合作解決問題，或者要參與窮兵黷武的國際關係、實際衝突，以及新型態的戰爭（例如被稱為「灰色戰爭」的網路戰）。我們是否正在走向中國與西方之間雙邊經濟與政治競爭的新「冷戰」？區域合作減少（英國脫歐），衝突點增加，這些可能產生許多新型態關係，並帶來更複雜的多邊協商談判嗎？或者，全球競爭只是在更多層面和更多議題爭論上持續升溫？

本書一開始介紹了不同的「架構」，透過這些架構來分析談判問題，如今，全世界的領袖每天都面臨這些問題：全球的囚徒困境。與其他人共事尋找新的解決方案時（例如新的能源來源、經濟專業化、醫學和科學合作、非核化、遷移），我們要合作／協作或者競爭／背叛，又或者是試圖將國家利益最大化？我們可以畫出全球有糾紛地區的地圖，參考美國外交關係協會（Council on Foreign Relations）的全球衝突追蹤系統（Global Conflict Tracker：喀什米爾、敘利亞、北韓、美國—中國、美國—伊朗、以色列—巴勒斯坦），資源衝突（尼羅河、印度河、科羅拉多河和亞馬遜河），或者是空氣汙染問題，試想這些局勢如何以不同的架構進行協商談判？而今每天的頭版頭條新聞都會列出許多有待解決的談判問題，不論是在程序和實質層面上。

文化與衝突

我們已經強調背景脈絡在所有談判的重要性。然而，所有談判都有一個常見的問題：談判者應該如何對待彼此？視為對手、競爭者、夥伴或與彼此相同的對應人物（counterparts）？

看待談判對手的方式取決於談判的內容，以及我們和「他們」的身分。每個人都隸屬於特定國家、種族、性別、階級、宗教和政治文化，我們有自己的信仰體系，通常會被安置在某個角色職責（買方、賣方、律師、中間人、委託人、政府官員、勞工代表、夥伴、父母、員工、管理者、外交人員），這些身分往往限制了我們在談判場合的分析方式和行為表現。但我們能不能創造一種談判文化，幫助我們超越其中一些文化差異，追求更有生產力且不必然是相互競爭的結果？

如同談判分析師迪帕克・馬哈特拉（Deepak Malhotra）常說：「每個問題都想要被解決。」想要達成這個目標，我們必須同時探索應該使用何種談判協商流程，以及有哪些實質存在的可能性。這些問題也有其道德層面。倘若確實如此，我們對於他人有何義務——包括與我們協商談判的人，以及受到協商談判影響的人？

採取哪種架構？競爭或解決問題

談判的書籍裡充滿了商業領域眾多的成功與失敗案例，以及外交領域眾多的失敗案例，還有各式各樣的人際協商談判故事。這些談判案例和故事經常被敘述為「僅此一次」的衝突，或者，更罕見的情況則是「僅此一次」的合作。可惜的是，通俗文化呈現的談判傾向於強調競爭性和戲劇性（例如挾持人質、間諜故事、戰爭、犯罪、大型的企業風險投資、審判，以及法庭場景），而不是更為成功且安靜地循序漸進、比較缺乏能見度的危機處理（例如電影《驚爆十三天》〔*Thirteen Days*，二〇〇〇〕當中的古巴飛彈危機、《他不笨，他是我爸爸》〔*I am Sam*，二〇〇一〕裡面的子女監護權、《間諜橋》〔*Bridge of Spies*，二〇一五〕的換俘），這種案例更能如實反應並且讓大眾理解不同的談判方式——承諾和威脅、合作的解決方案、創造資源的解決方案、私下訴諸彼此共同的利益，而非公開譁眾和敵意相待。

我們開始看到越來越多的外交官和政府談判者回憶錄，說明他們更重視過程和調停的談判方式。正如我們在思考歷史案例時想到的，此人能夠藉由選擇和影響協議條款而決定時勢，或者，時勢決定此人能完成的事？

從經驗中學習

學童們越來越常被教導要「善用話語」，探索同儕調停方法，藉此處理校園衝突。高等教育的學生可能會接觸到協商談判課程，以及在心理學、政治科學、決策科學、商學、城市規劃學程中的種種概念。有些專業學校現在將協商研究列為必修課程，因為他們體認到，正如哲學家斯圖亞特．漢普夏爾（Stuart Hampshire）所說，「解決衝突是最崇高的人類技藝」。苦惱的家庭尋求心理諮商，學習如何解決問題和直接溝通問題。想要成為外交官的人，現在要接受協商談判原則的訓練，也會被要求在角色扮演的情境中實踐，以此得知他們的選擇所造成的結果。談判分析師和理論家分析案例研究，在社會實驗室中測試行為假說，並尋找富有成效的干預、對策和轉變。

這種學習環境的學生，必須思考自身和他人的利益與需求，培養相關準確情報的戰略，發展出創意的方法解決衝突和交易的流程，分析與規劃和他人的接觸，以及培養評估協商流程和結果的技巧。常見的一個回饋技巧是「提出核心問題來進行關於談判的簡報」：

- 什麼事情進展順利（以及為什麼）？
- 我可以有什麼不同的做法（以及為什麼）？

根據眾多學科領域數十年來的理論和經驗研究的基礎，這些問題對於談判的事先思考（參考本書附錄）以及選擇的行動方式（經過分析後）提供了一個準則。一位優秀的談判者應該永遠提出以下問題：

- 此次談判存在什麼風險？
- 我（我的委託人、我的國家）想要達成什麼結果，以及我們重視什麼？
- 其他人想要達成什麼結果，以及他們重視什麼？
- 我們的談判背景脈絡是什麼？
- 我們能做的事受到什麼限制（法律、資源）？
- 關於談判的主題，我需要知道什麼情報（以及有什麼可能的情報來源）？
- 這個問題／議題／局勢有什麼可能的（有創意的）解決方案？
- 為了後續可能的修訂和改善，我們如何追蹤並且評估協商談判達成的協議？

這些問題應該能幫助我們準備每一次的談判並且從中學習。我們可以從所有的協商談判案例中獲益，但也要謹慎留意：類比可能造成誤導的程度，正如類比能夠帶來的益處。談判協商確實有核心的原則架構，但每一次的談判經驗都有其自身特性，不同的性格、文化影響、認知和社會偏見，以及特定情境的資源契機與限制。談判的內含豐富且複雜。我期盼本書提供的啟示，可以讓你和談判的所有參與者，或者是受到協議影響的其他人，都能夠獲得令人滿意的協商流程和結果。

附錄

協商談判計畫

一、目標、利益和需求

1. 我的／我們的／委託人的目標、利益和需求是什麼？

2. 所有其他方的目標、利益和需求是什麼？

(1) 現在已知的事

(2) 有待發現的事

3. 談判得到某項協議後的可能收益／好處是什麼？

(1) 對我／我們／我們的委託人

(2) 對其他方

4. 談判後未達成某項協議時的可能損失是什麼？

(1) 對我／我們／我們的委託人

(2) 對其他方

二、情報戰略

1. 我們擁有關於局勢的什麼情報？

2. 我們需要關於什麼事情的情報？

(1) 局勢的事實

(2) 其他方的目標

(3) 我們的需求、目標

(4) 其他可能達成的協議／交易

3. 該項情報的可能來源是什麼？

(1) 大眾

(2) 其他方

(3) 其他？

4. 我們應該與其他方分享關於我們的目標、利益、事實的何種情報？

三、影響協商談判的背景／因素

1. 危急的關鍵（風險）是什麼？

2. 這是協商談判（為了和解）或者協議交易（交易性質）談判？

3.談判方的數量
4.議題的數量
5.與談判方直接談判，或透過代理人／律師／中間人的交涉？
6.談判方的權力關係
7.是否是想要維持的長期關係（商業、外交、個人的）？
8.對其他談判方造成什麼影響？
9.協議可能造成的潛在先例效應
10.會對談判之外的其他人造成什麼影響？
11.可能達成的交易／協議之經濟價值
12.達成協議所涉及的政治議題（外交、政府、組織的）
13.心理議題（風險偏好、對自己和別人的心理健康的影響）
14.社會議題——還有誰也受到談判的影響
15.文化議題——如果與協商談判議題相關，思考談判者的群體特質（來自何種族群、年齡，或是階級等等）

16.談判方的倫理／道德／宗教議題

17.是否需要達成「最終性」（不可再議）？或者需要重啟協商談判？

四、協商談判的優勢分析

1.我們能否描繪可能的協議空間？

2.針對可能達成的協商，評估出最佳替代方案、最壞的替代方案、最可能的替代方案，以及所有可能的替代方案

3.如果產生法律紛爭——相關法律和法律權利是什麼？如果未達成協議會發生什麼事（在法庭或其他地方）？法律？事實？其他決策者？

4.如果產生外交紛爭——倘若有替代處理方案，那會是什麼？

5.如果是交易性質的協商談判——其他的可能協議是什麼？這個可能的交易或協議有什麼利弊？

6.什麼是「成交要點」——我們為了達成該項協議必須擁有何種東西？

7.什麼是「破局因素」（deal killers）——其他協商參與者堅持哪些條件，

將會導致無法接受協議？

五、解決方案／提案／出價

1. 考慮到我們的目標、利益和需求，以及我們所知道的其他方的目標、利益和需求，對此可能會有什麼提案？（腦力激盪，找出所有可能解決問題的點子。）

2. 我們認為其他方可能有什麼提案？

3. 關於資源、專門知識和提案點子，還有什麼可能的來源？

六、議程

1. 為了達成協議，必須依照順序討論哪些議題？

 (1) 我方的議題

 (2) 其他方的議題

2. 依照什麼順序進行討論？

3. 針對所有議題達成「整體協議」，或者根據不同議題達成個別協議？

七、編寫劇本（沙盤推演）

1. 我們應該提出什麼提案，支持這些提案的原因／思維是什麼？
2. 其他方可能會如何回應？
3. 其他方可能提出什麼提案？
4. 我們應該如何回應？
5. 如何描繪與計畫我方的提案／出價或「讓步」模式？
6. 如何與其他方交涉？

(1) 預作準備

(2) 談判模式（依據風險以及對談判參與者的評估）：

2.1 合作

2.2 對抗

2.3 質問—開放—懷疑

(3) 協商談判方法

3.1 親自出席

3.2 電話

3.3 電子——線上

3.4 其他

(4) 哪些方出席／參與？增加、改變？除名？

(5) 程序規則／基本規則

(6) 決策規則——如何達成協議？（投票？其他？）

八、協議和履行

1. 釐清條款

2. 起草／撰寫協議

3. 必要的核可——委託人、正式簽署、法律生效

4. 履行協議條款

(1) 支付

(2) 擔保和保證、損害賠償或補償

(3) 評估／合乎協議

(4) 補救措施——重新談判

5. 現實檢驗：疑難排解——什麼事情可能出錯？預防措施？

6. 紛爭解決條款：條件協議、重新談判、協議中的重啟談判條款、調停、仲裁、裁決、其他

九、評估

1. 什麼事情進展順利？為什麼？

2. 什麼事情進展不順利？為什麼？

3. 什麼事情應該有不同的做法？

4. 未來談判的教訓

詞彙清單

- **替代的／適當的解決紛爭方案**（ADR）：泛指所有非訴諸法院的紛爭解決形式，包括協商談判、調停、仲裁及其混合形式的調停—仲裁、仲裁—調停、建立共識和申訴程序。
- **定錨**（anchoring）：利用高額的數字或出價（提議），具體或可行的意象或象徵（例如提出要價），在協商談判之初架構範疇並且設定界線（亦參看「架構」）。
- **期望點**（aspiration point）：協商談判最重要的目的或目標，在協商談判開始之前先設定。亦參看「目標點」。
- **協商談判協議的替代方案**（ATNA，Alternatives To a Negotiated Agreement）：「協商談判協議的替代方案」是指一個過程，在這個過程中，思考與規劃協商談判協議之中所有可能的替代方案（包括與其他方的其他可能協商談判、其他實質的協議；訴訟、衝突、戰爭）。
- **權限**（authority）：給予談判代理人關於談判提議和限制的指示，通常受到代理人—委託人法規的規範，例如，「根據我委託人的指示，我沒有權限接受那項提議。」
- **後推規劃**（backward mapping）：後推規劃是一種規劃技巧，先思考協商談判的最終目標，隨後「後推」思考推動最終目標時必須納入的所有談判參與者和議題；在多方協商談判情境中，後推規劃是特別重要的技巧。
- **談判協議的最佳替代方案**（BATNA，Best Alternative To a Negotiated Agreement）：意指思考其他可能達成的最佳解決方案（不考慮特定談判事件），評估是否有更好的方法來處理該談判事件，能影響選擇繼續或結束談判，或者尋求其他協商談判流程、其他參與者，或另闢蹊徑尋求解決方法。

- **底線**（bottom line）：在退出談判之前，我們願意接受的最低條件；參看保留價格、抵抗點。
- **建立共識**（consensus building）：在多方談判中，為了達成協議而尋求共識（得到「大多數」參與者的共識，不一定需要建立全體共識），通常由管理協商談判過程、決策規則和審議規則的第三方（調停者、促進者）來促成。
- **紛爭處理系統設計**（Dispute System Design）：組織、政府和專業人士所運用的一種過程，用來建構固定的程序以解決員工、顧客、市民和組織成員的反復紛爭，其中包括層級（垂直運用談判、調停、申訴、仲裁，以指定的條款和時間限制所做的裁決）和選單（同時提出A流程或B流程，作為兩種橫向的選擇）。紛爭處理系統設計用於處理個別提出的爭議，並且監控組織內部的系統問題。
- **分配性談判**（distributive bargaining）：針對必須分配的稀缺資源所進行的協商談判，例如基於稀缺假設或零和得失假設的協商談判。對於資源分配議題的假設通常會產生競爭性的對抗協商談判過程。
- **稟賦效應**（endowment effect）：擁有某項物品的人，往往比那些透過談判來獲得或想購買的人更重視該物品的價值，亦稱作展望理論和現狀偏誤。
- **架構**（framing）：運用文字、數字、意象、象徵或隱喻來談判，並且掌控好對於談判問題、提議和結果的描述，正如首因效應；藉由先發制人來提出協商談判的議題與範疇，以取得控制主導地位。

- **造成損害的僵局**（hurting stalemate）：協商談判參與者出現最大分歧時，通常會導致雙方都要承受損失（例如消耗戰）；這可能是介入或改變策略的「成熟」時機。
- **整合性談判**（integrative bargaining）：在協商談判時，納入彼此共同的、互補的和不衝突的利益，或者是擴展協商談判方案的可能性，尋找新的方案，解決協商談判中的問題，藉此增加價值；通常整合性談判涉及的是增加（擴展）協商和交易的方案，而不是排除或減少。
- **談判強度**（intensity of negotiation）：協商談判耗費的回合（來回往返的次數）或時間。高強度的談判包含大量的溝通、交換許多出價／提案，以及大量的可能耗費時間；低強度談判只需要一回合或少數幾回合就迅速達成協議。
- **情報的地雷測試**（landmine test for information）：詢問談判對手一個已知答案的問題，藉以證實談判對手提供資訊的可信程度。
- **聯動**（linkage）：為了談判目標而相互綁定的議題，可能彼此相關，也可能無關，但會視為同時影響了協議中的特定條款或整體協議；讀者可以想像拉動蜘蛛網的一根絲，將會影響整個蜘蛛網的結構；也請參考滾木。
- **滾木**（log rolling）：在談判中進行方案交易的過程，經常用於立法協商談判；用於交易的方案可能與彼此沒有關係，但能讓作為「配套」的提案獲得方案交易參與者的核可，畢竟方案交易的參與者各自有不同的需求和利益，並且藉此確保規模更大的多議題協商談判能達成最終協議。

- **低價策略**（low balling）：在達成協議後提出更多要求，被許多人視為違反公平精神的手法，或者是提出非常非常低的初始出價；低價策略可以同時用於兩種意義上，參看蠶食。
- **調停**（mediation）：用於協助談判；在調停過程中，第三方藉由制定基礎規則、管控溝通互動、設定議程、協助尋找解決方案，以及測試和促成協議，幫助委託人完成協商談判，可能會透過聯合會議、幹部會議，或者穿梭外交手法。
- **談判協議的最可能替代方案**（MLATNA）：可當作一種衡量方法，思考如果未達成協議時最可能發生的事（例如預測法庭審理結果、更多衝突、戰爭、自制），協助決定是否繼續協商談判。
- **蠶食**（nibbling）：在已經達成協議後提出更多要求；參看低價策略，是一種被人視為違反公平精神的手法。
- **線上紛爭解決機制**（ODR，online dispute resolution）：利用任何電腦、網路或電子輔助裝置來解決紛爭，包括電子郵件協商談判、電子客服、申訴服務、線上平台輔助談判、調停、仲裁以及現今的線上法院裁決。
- **帕雷托最適**（Pareto optimality）：帕雷托最適的意思是談判已經到了一個地步，一旦任何一方想要獲得更好的結果，必定會造成其他參與者的損失；所有的談判參與者已經獲得最大化的益處。在複雜的協議中可能會有許多帕雷托最適關鍵點，每個人都能得到大部分想要追求的目標。

- **反應式貶低**（reactive devaluation）：情報資訊或談判的提議來自「另外一方陣營」，因而貶低其價值；沒有能力認同或相信不同角色的其他人所提出的情報；處理資訊時產生的部分社會心理過程，將資訊情報的來源標籤化（例如原告—被告；父母—子女、學生—老師等等）。
- **保留價格**（reservation price）：一個人在協商談判中願意接受的最低限度，也是「退出」談判的基準；請參考底線和抵抗點。
- **抵抗點**（resistance point）：談判者的極限，達到抵抗點之後，參與者將會退出任何更進一步的協商談判；請參考底線和保留價格。
- **編寫腳本**（scripting）：為了協商談判的過程做準備，提案、出價、基礎思維和預期對方的出價或反應，用基礎思維準備假設性的還價和其他提案。
- **各讓一步**（split the difference）：協商談判常見的妥協解決方案，接受兩者提議的「中間提議」。
- **現狀偏誤**（status quo bias）：認為自己目前持有的事物的價值，高過於希望購買或獲得的事物；賣方認為事物擁有的價值，高過於買方認為的價值；一般而言，人們不願意在追求某個事物時承擔風險，寧願避免造成自己已持有事物的損失；現狀偏誤會影響協商談判中的價值評估。
- **目標點**（target point）：談判的期望目標或高標；參考期望點。一般而言，追求高標者會在協商談判中有更好的表現。

- **協商談判協議的最壞替代方案**（WATNA，Worst Alternative To Negotiated Agreement）：談判如果失敗，可能發生的最壞情況，例如敗訴、更多衝突、戰爭、更大的損失；當其他結果更不好時，讓人們願意繼續留在談判桌上的動因，即使談判出來的結果可能不如人意。
- **可能協議區**（ZOPA，Zone of Possible Agreement）：雙方接受價值和可能協議的範圍；考慮到目標點和保留價格，可能解決方案的範圍或許很大，甚至需要分配剩餘價值，但範圍也可能很小。如果沒有可能達成協議的空間，沒有可能的各種提案，或者沒有談判參與者能接受的提議，就無法達成協議。

參考書目與深入閱讀

第一章

- Deutsch, Morton, *The Resolution of Conflict: Constructive and Destructive Processes* (New Haven: Yale University Press 1973).
- Fisher, Roger, William Ury, and Bruce Patton, *Getting to YES: Negotiating Agreement Without Giving In* (New York: Penguin, 3rd edn. 2011).
- Follett, Mary Parker, *Mary Parker Follett: Prophet of Management: A Celebration of Writings from the 1920s*, Pauline Graham, ed.(Boston: Harvard Business School Press 1995).
- Gulliver, P. H., *Disputes and Negotiations: A Cross-Cultural Perspective* (New York and London: Academic Press 1979).
- Honeyman, Christopher and Andrea Kupfer Schneider, eds, *The Negotiator's Desk Reference* (St Paul, MN: DRI Press 2017).
- Lax, David and James Sebenius, *The Manager as Negotiator: Bargaining for Cooperative and Competitive Gain* (New York: Free Press 1986).
- Menkel-Meadow, Carrie, Andrea Kupfer Schneider, and Lela Love, *Negotiation: Processes for Problem Solving* (New York: Wolters Kluwer, 3rd edn 2021).
- Mnookin, Robert H., *Bargaining with the Devil: When to Negotiate, When to Fight* (New York: Simon & Schuster 2010).

- Mnookin, Robert, Scott Peppet, and Andrew Tulumello, *Beyond Winning: Negotiating to Create Value in Deals and Disputes* (Cambridge, MA: Harvard University Press 2000).
- Raiffa, Howard, *The Art and Science of Negotiation* (Cambridge, MA: Harvard University Press 1982).
- Shell, Richard, *Bargaining for Advantage: Negotiation Strategies for Reasonable People* (New York: Penguin, 2nd edn 2006).
- Walton, R. E. and R. B. McKersie, *A Behavioral Theory of Labor Negotiations: An Analysis of Social Interaction System* (Ithaca, NY: Cornell University Press 1965).

第11章

- Adams, James L., *Conceptual Blockbusting* (New York: Basic Books, 5th edn 2019).
- Axelrod, Robert, *The Evolution of Cooperation* (New York: Basic Books 1984).
- Axelrod, Robert, *The Complexity of Cooperation: Agent Based Models of Cooperation and Competition* (Princeton: Princeton University Press 1997).
- Bazerman, Max and Margaret Neale, *Negotiating Rationally* (New York: Free Press 1992).
- Brams, Stephen and Alan Taylor, *Fair Division: From Cake Cutting to Dispute Resolution* (New York: Cambridge University Press 1996).
- Coons, John, "Compromise as Precise Justice," in *NOMOS XII Compromise in Ethics Law and*

Politics, J. Roland Pennock and John Chapman, eds (New York: NYU Press 1979).

- Follett, Mary Parker, "Constructive Conflict," in *Mary Parker Follett: Prophet of Management: A Celebration of Writings from the 1920's*, Pauline Graham, ed. (Boston: Harvard Business School Press 1995).
- Gardner, Howard E., *Multiple Intelligences: New Horizons in Theory and Practice* (New York: Basic Books 2006).
- Gutmann, Amy and Dennis Thompson, *The Spirit of Compromise: Why Governing Demands it and Campaigning Undermines it* (Princeton: Princeton University Press 2012).
- Harvard Program on Negotiation Newsletter, "Government Negotiations: Pfizer's Rocky Road to U.S. Covid-19 Vaccine Deals," <https://www.pon.harvard.edu/daily/business-negotiations/government-negotiations-pfizers-rocky-road-to-u-s-covid-19-vaccine-deals/ >. Jan. 25, 2021.
- Lax, David and James Sebenius, *3D Negotiation: Powerful Tools to Change the Game in your Most Important Deals* (Boston: Harvard Business School Press 2006).
- Margalit, Avishai, *On Compromise and Rotten Compromises* (Princeton: Princeton University Press 2010).
- Menkel-Meadow, Carrie, "Toward Another View of Legal Negotiation: The Structure of Problem Solving," *UCLA Law Review* 31: 754–842 (1984).
- Menkel-Meadow, Carrie, "Aha? Is Creativity Possible in Legal Problem Solving and Teachable

in Legal Education?" *Harvard Negotiation Law Review* 6: 97–144 (2001).

- Menkel-Meadow, Carrie, "Ethics of Compromise," in *Global Encyclopedia of Public Administration, Public Policy and Governance*, A. Farazmand, ed. (Cham: Springer International Publishing 2016).
- Mnookin, Robert H. and Louis Kornhauser, "Bargaining in the Shadow of the Law: The Case of Divorce," *Yale Law Journal* 88: 950 (1979).
- Nalebuff, Barry and Avinash Dixit, *Thinking Strategically* (New York: Norton 1991).
- Nash, John F., "The Bargaining Problem," *Econometrica* 18: 155–62 (1950).
- Valley, K. L., M. A. Neale, and E. A. Mannix, "Friends, Lovers, Colleagues, Strangers: The Effects of Relationships on the Process and Outcome of Dyadic Negotiations," in *Research on Negotiation in Organizations* 65–93, R. J. Bies, R. J. Lewicki, and B. H. Shepard, eds (Greenwich, CT: JAI Press 1995).

第三章

- Alkon, Cynthia and Andrea Kupfer Schneider, *Negotiating Crime: Plea Bargaining, Problem Solving and Dispute Resolution in the Criminal Context* (Durham, NC: Carolina Press 2019).
- Ayres, Ian, "Further Evidence of Discrimination in New Car Negotiations and Estimates of its Cause," *Michigan Law Review* 94: 109 (1995).

- Babcock, Linda and Sara Laschever, *Women Don't Ask: Negotiation and the Gender Divide* (Princeton: Princeton University Press 2003).
- Brett, Jeanne M., *Negotiating Globally: How to Negotiate Deals, Resolve Disputes and Make Decisions Across Cultural Boundaries* (San Francisco: Jossey Bass 2001).
- Elster, Jon, "Strategic Uses of Argument," in *Barriers to Conflict Resolution*, K. Arrow, R. H. Mnookin, L. Ross, A. Tversky, and R. Wilson, eds (New York: W. W. Norton 1995).
- Gifford, Donald G., "A Context-Based Theory of Strategy Selection in Legal Negotiation," *Ohio State Law Journal* 46: 41 (1985).
- Green, Michael Z., "Negotiating While Black," in *The Negotiator's Desk Reference*, Chris Honeyman and Andrea Kupfer Schneider, eds (St Paul, MN: DRI Press 2017).
- Huang, Jeannie and Corinne Low, "Trumping Norms: Lab Evidence on Aggressive Communications before and after 2016 US Presidential Election," *American Economic Review* (January 2017).
- Kolb, Deborah, *The Shadow Negotiation: How Women Can Master the Hidden Agenda in Bargaining* (San Francisco: Jossey-Bass Wiley 2000).
- Lederach, John Paul, "Cultivating Peace: A Practitioner's View of Deadly Conflict and Negotiation," in *Contemporary Peacemaking: Conflict, Violence and Peace Processes*, J. Darby and R. MacGinty, eds (New York: Palgrave Macmillan 2003).

- Meerts, Paul, *Diplomatic Negotiation: Essence and Evolution* (The Hague: Clingendael Institute 2019).
- Meltsner, Michael and Philip G. Schrag, "Negotiation," in *Public Interest Advocacy* (Boston: Little Brown 1974).
- Menkel-Meadow, Carrie, "Legal Negotiation: A Study of Strategies in Search of a Theory," *American Bar Foundation Research Journal* (1983): 905.
- Noesner, Gary, *Stalling for Time: My Life as an FBI Negotiator* (New York: Random House 2018).
- Stone, Douglas, Bruce Patton, and Sheila Heen, *Difficult Conversations: How to Discuss What Matters Most* (New York: Penguin 2000).
- Thomas, Kenneth, "Conflict and Conflict Management," in *Handbook of Industrial and Organizational Psychology*, Marvin D. Dunnette, ed. (Chicago: Rand McNally College Publishing Company 1976).
- Vivet, Emmanuel, ed., *Landmark Negotiations from Around the World: Lessons for Modern Diplomacy* (Cambridge: Intersentia 2019).
- Zartman, William, "The Timing of Peace Initiatives: Hurting Stalemates and Ripe Moments," in *Contemporary Peacemaking: Conflict, Violence and Peace Processes*, J. Darby and R. MacGinty, eds (New York: Palgrave Macmillan 2003).

第四章

- Berkel, Georg, *Learning to Negotiate* (Cambridge: Cambridge University Press 2021).
- Galinsky, A. D. and T. Mussweiler, "First Offers as Anchors: The Role of Perspective Taking and Negotiator Focus," *Journal of Personality & Social Psychology* 81 (4): 657–69 (2001).
- Kolb, Deborah, "Staying in the Game or Changing it: An Analysis of *Moves* and *Turns* in Negotiation," *Negotiation Journal* doi:10.1111/j.0748-4526.2004.00000.x. April 2004: 253–68.
- Malhotra, Deepak and Max Bazerman, *Negotiation Genius: How to Overcome Obstacles and Achieve Brilliant Results at the Bargaining Table and Beyond* (New York: Bantam Press 2007).
- Menkel-Meadow, Carrie, "Know When to Show Your Hand," *Negotiation Newsletter* 10 (6): 1–4 (Cambridge, MA: Program on Negotiation Harvard University Law School 2007).
- Menkel-Meadow, Carrie and Robert Dingwall, "Scripts: What to do When Big Bad Companies Won't Negotiate," in *The Negotiator's Desk Reference*, Christopher Honeyman and Andrea Kupfer Schneider, eds (Washington DC: ABA Press 2017).
- Osborne, Alex Faickney, *Applied Imagination: Principles and Procedures of Creative Problem Solving* (New York: Charles Scribner's Sons, 3rd edn 1963).
- Pruitt, Dean, Jeffrey Rubin, and Sung Hee Kim, *Social Conflict, Escalation, Stalemate and Settlement* (New York: McGraw-Hill, 3rd edn 2003).

- Public International Law and Policy Group, *The International Negotiations Handbook: Success Through Preparation, Strategy and Planning* (Washington DC: Baker & McKenzie 2007).
- Susskind, Lawrence, *Good for You, Great for Me: Finding the Trading Zone and Winning at Win Win Negotiation* (New York: Public Affairs 2014).
- Ury, William, *Getting Past No: Negotiating in Difficult Situations* (New York: Bantam Books 1991).
- Wheeler, Michael, *The Art of Negotiation: How to Improvise Agreement in a Chaotic World* (New York: Simon & Schuster 2013).

第五章

- Arrow, Kenneth, Robert H. Mnookin, Lee Ross, Amos Tversky, and Robert Wilson, eds, *Barriers to Conflict Resolution* (New York: W. W. Norton 1995).
- Babcock, Linda and Sara Laschever, *Ask For It: How Women Can Use the Power of Negotiation to Get What They Want* (New York: Bantam 2009).
- Cialdini, Robert B., *Influence: The Psychology of Persuasion* (New York: William Morrow, rev. edn 1993).
- Freshman, Clark, Adele Hayes, and Greg Feldman, "The Negotiator as Mood Scientist: What We Know and Don't Know About How Mood Relates to Successful Negotiation," *J. Dispute*

Resolution (2002).

- Gardner, Howard, *Frames of Mind: The Theory of Multiple Intelligences* (London: Hachette 2011).
- Gilovich, Thomas and Lee Ross, *The Wisest One in the Room: How You Can Benefit from Social Psychology's Most Powerful Insights* (New York: Free Press 2015).
- Greenwald, Anthony and Linda Hamilton Krieger, "Implicit Bias: Scientific Foundations," *California Law Review* 94: 945–67 (2006).
- Implicit Bias Test: <https://implicit.harvard.edu/implicit/takeatest.html>.
- Kahneman, Daniel, *Thinking Fast and Thinking Slow* (New York: Farrar, Straus and Giroux 2011).
- Kahneman, Daniel, Olivier Sibony, and Cass Sunstein, *Noise: A Flaw in Human Judgment* (New York: Little Brown & Co. 2021).
- Kiser, Randall, *How Leading Lawyers Think: Expert Insights into Judgment and Advocacy* (Berlin: Springer 2011).
- Lewis, Michael, *Moneyball: The Art of Winning an Unfair Game* (New York: W. W. Norton 2003).
- Plott, Charles and Kathryn Zeiler, "Exchange Asymmetries Incorrectly Interpreted as Evidence of Endowment Effect Theory and Prospect Theory," *American Economic Review* 97: 1449–66

(2007).

- Raiffa, Howard, with John Richardson and David Metcalf, *Negotiation Analysis: The Science and Art of Collaborative Decision Making* (Cambridge, MA: Harvard University Press 2002).
- Robbennolt, Jennifer and Jean Sternlight, *Psychology for Lawyers* (Washington DC: ABA Press, 2nd edn. 2021).
- Ross, Lee and Richard Nisbett, *The Person and the Situation: Perspectives of Social Psychology* (London: Pinter & Martin Ltd 2011).
- Schelling, Thomas, *The Strategy of Conflict* (Cambridge, MA: Harvard University Press 1960).
- Steele, Claude, S. J. Spencer, and Joshua Aronson, "Contending with Group Image: The Psychology of Stereotype and Social Identity Threat," in *Advances in Experimental Social Psychology* 34: 379–440, Mark Zanna, ed. (New York: Academic Press 2002).
- Taylor, Shelley E., *Positive Illusions: Creative Self-Deception and the Healthy Mind* (New York: Basic Books 1989).

第六章

- Elster, Jon, "Strategic Uses of Argument," in *Barriers to Conflict Resolution*, K. Arrow, A. Tversky, L. Ross, R. H. Mnookin, and R. Wilson, eds (New York: W. W. Norton 1995).
- Hofstede, Geert, Gert Van Hofstede, and Michael Minkov, *Cultures and Organizations: Software*

of the Mind (London: McGraw Hill, 3rd edn 2010).

- Janis, Irving L., *Groupthink: Psychological Studies of Policy Decisions and Fiascos* (Boston: Houghton Mifflin, 2nd edn 1982).
- Menkel-Meadow, Carrie, "Conflict Resolution by the Numbers," *Negotiation Journal* 31: 317–22 (2017).
- Menkel-Meadow, Carrie, ed., *Multi-Party Dispute Resolution, Democracy and Decision Making* (Farnham: Ashgate 2012).
- Menkel-Meadow, Carrie, "Negotiating the American Constitution (1787 89): Coalitions, Process Rules and Compromises," in *Landmark Negotiations from Around the World: Lessons for Modern Diplomacy*, E. Vivet, ed. (Cambridge: Intersentia 2019).
- Mnookin, Robert H., "Strategic Barriers to Dispute Resolution: A Comparison of Bi-lateral and Multi-Lateral Negotiations," *J. of Institutional and Theoretical Economics* 159: 199–220 (2003).
- Raiffa, Howard, "Voting," in *Negotiation Analysis: The Science and Art of Collaborative Decision Making*, H. Raiffa with J. Richardson and D. Metcalf, eds (Cambridge, MA: Belknap Press of Harvard University Press 2002).
- Sebenius, James K., "Sequencing to Build Coalitions: With Whom Should I Talk First? In *Wise Choices, Decisions, Games and Negotiations*, Richard Zeckhauser, Ralph L. Keeney, and James K. Sebenius, eds (Boston: Harvard Business School

- Press 1996).
- Siracusa, Joseph M., *Diplomacy: A Very Short Introduction* (Oxford: Oxford University Press 2010).
- Stanton, Frederick, *Great Negotiations: Agreements that Changed the Modern World* (Yardley, PA: Westholme Press 2010).
- Sunstein, Cass R., "Deliberative Troubles: Why Groups Go to Extremes," *Yale Law Journal* 110: 71–106 (2000).
- Susskind, Lawrence, Sarah McKearnan, and Jennifer Thomas-Larmer, *The Consensus Building Handbook: A Comprehensive Guide to Reaching Agreement* (Thcusand Oaks, CA: Sage Publications 1999).
- Susskind, Lawrence and Jeffrey Cruikshank, *Breaking Robert's Rules: The New Way to Run your Meeting, Build Consensus and Get Results* (New York: Oxford University Press 2006).
- Thompson, Leigh, "Multi-Party Negotiations," in *The Mind and the Heart of the Negotiator* (Saddle River, NJ: Prentice Hall, 5th edn 2012).

第七章

- Applbaum, Arthur Isak, *Ethics for Adversaries* (Princeton: Princeton University Press 1999).
- Ariely, Dan, *The Honest Truth about Dishonesty: How We Lie to Everyone, Especially Ourselves*

(New York: Harper Perennial 2013).

- Bazerman, Max and Ann E. Tenbrunsel, *Blind Spots: Why We Fail to Do What's Right and What to Do About It* (Princeton: Princeton University Press 2013).
- Bok, Sissela, *Lying: Moral Choice in Public and Private Life* (New York: Vintage, 2nd edn. 1999).
- Carr, Alfred Z., "Is Business Bluffing Ethical?" *Harvard Business Review* 46: 143 (1968).
- Cohen, Jonathan, "When People are the Means: Negotiating With Respect," *Georgetown Journal of Legal Ethics* 14: 739 (2001).
- Gutmann, Amy and Dennis Thompson, *The Spirit of Compromise: Why Governing Demands It and Campaigning Undermines It* (Princeton: Princeton University Press 2014).
- Korobkin, Russell, "The Role of Law in Settlement," in *Handbook of Dispute Resolution*, M. Moffitt and R. Bordone, eds (San Francisco: Jossey Bass 2005).
- Korobkin, Russell, "Behavioral Ethics, Deception and Legal Negotiation," *Nevada Law Journal* 20: 1209 (2020).
- Lewicki, Roy L. and Robert J. Robinson, "Ethical and Unethical Bargaining Tactics: An Empirical Study," *Journal of Business Ethics* 17: 665–82 (1998).
- Menkel-Meadow, Carrie and Michael Wheeler, eds, *What's Fair? Ethics for Negotiators* (San Francisco: Jossey-Bass Wiley 2004).

- Menkel-Meadow, Carrie, "The Morality of Compromise," in *Negotiator's Desk Reference*, Christopher Honeyman and Andrea Kupfer Schneider, eds (St Paul, MN: DRI Press 2017).
- Mnookin, Robert H., *Bargaining with the Devil: When to Negotiate, When to Fight* (New York: Simon & Schuster 2010).
- Pennock, Roland and John Chapman, *NOMOS: Compromise in Ethics, Law and Politics* (New York: NYU Press 1979).
- Shell, Richard G., *Bargaining for Advantage: Negotiation Strategies for Reasonable People* (New York: Viking, 2nd edn 2006).
- Shell, Richard G., *Code of Conscience: Lead with your Values, Advance your Career* (New York: Harper Collins 2021).
- Wetlaufer, Gerald B., "The Ethics of Lying in Negotiation," *Iowa Law Review* 75: 1219–26 (1990).
- White, James J., "Machiavelli and the Bar: Ethical Limitations on Lying in Negotiation," *American Bar Foundation Research Journal* (1980): 926.

第八章

- Amsler, Lisa Blomgren, Janet Martinez, and Stephanie Smith, *Dispute System Design: Preventing, Managing and Resolving Conflict* (Palo Alto, CA: Stanford University Press 2020).
- Bell, Christine, *On the Law of Peace: Peace Agreements and the Lex Pacificatoria* (Oxford:

Oxford University Press 2008).

- Council on Foreign Relations, *Global Conflict Tracker*.
- Creutzfeldt, Naomi, *Ombudsmen and ADR: A Comparative Study of Informal Justice in Europe* (London: Palgrave 2018).
- Curran, Daniel, James K. Sebenius, and Michael Watkins, "Two Paths to Peace: Contrasting George Mitchell in Northern Ireland with Richard Holbrooke in Bosnia-Herzegovina," *Negotiation Journal* 20: 513–31 (2004).
- European Union Regulation 524/2013 Online Dispute Resolution for Consumer Disputes. May 21, 2013.
- Hampshire, Stuart, *Justice is Conflict* (Princeton: Princeton University Press 2000).
- Harter, Philip J., "Negotiating Regulations: A Cure for the Malaise," *Georgetown Law Journal* 71: 1 (1982).
- Katsh, Ethan and Orna Rabinovich-Einy, *Digital Justice: Technology and the Internet of Disputes* (Oxford: Oxford University Press 2017).
- Kremenyuk, Victor, *International Negotiation: Analysis, Approaches Issues* (San Francisco: Jossey-Bass 2002).
- Menkel-Meadow, Carrie, "Legal Negotiation in Popular Culture: What Are We Bargaining For?," in *Law and Popular Culture*, Michael Freeman, ed. (Oxford: Oxford University Press 2004).

- Menkel-Meadow, Carrie, "Why Hasn't the World Gotten to Yes? An Appreciation and Some Reflections," *Negotiation Journal* 22 (3): 485–503 (2006).
- Menkel-Meadow, Carrie, "The Historical Contingencies of Conflict Resolution," *International Journal of Conflict Engagement and Resolution* 1: 32–54 (2013).
- Moscati, Maria Federica, Michael Palmer, and Marion Roberts, eds, *Comparative Dispute Resolution* (Cheltenham: Edward Elgar 2020).
- Putnam, Robert D., "Diplomacy and Domestic Politics: The Logic of Two-Level Games," in *Double-Edge Diplomacy: International Bargaining and Domestic Politics*, R. D. Putnam, P. B. Evans, and H. K. Jacobson, eds (Berkeley: University of California Press, 1993).
- Richmond, Oliver P., *Peace: A Very Short Introduction* (Oxford: Oxford University Press 2014).
- Schmitz, Amy and Colin Rule, *The New Handshake: Online Dispute Resolution and the Future of Consumer Protection* (Washington DC: American Bar Association Press 2018).

國家圖書館出版品預行編目(CIP)資料

談判：有效解決紛爭的科學和藝術／凱莉・門凱-梅多（Carrie Menkel-Meadow）著；林金源譯. -- 初版. -- 新北市：日出出版：大雁出版基地發行, 2024.06
272面；15×21公分
譯自：Negotiation : a very short introduction
ISBN 978-626-7382-97-4（平裝）

1.CST: 談判

177.4　　113002485

談判：有效解決紛爭的科學和藝術
Negotiation: A Very Short Introduction

© Carrie Menkel-Meadow 2022
through Andrew Nurnberg Associates International Limited
Traditional Chinese edition copyright:
2024 Sunrise Press, a division of AND Publishing Ltd.
Negotiation: A Very Short Introduction was originally published in English in 2022. This Translation is published by arrangement with Oxford University Press. Sunrise Press, a division of AND Publishing Ltd. is solely responsible for this translation from the original work and Oxford University Press shall have no liability for any errors, omissions or inaccuracies or ambiguities in such translation or for any losses caused by reliance thereon.

作　　者　凱莉・門凱－梅多（Carrie Menkel-Meadow）
譯　　者　林金源
特約編輯　林曉欽
責任編輯　夏于翔
封面設計　萬勝安
內頁排版　李秀菊
發 行 人　蘇拾平
總 編 輯　蘇拾平
副總編輯　王辰元
資深主編　夏于翔
主　　編　李明瑾
業務發行　王綬晨、邱紹溢、劉文雅
行銷企劃　廖倚萱
出　　版　日出出版
　　　　　地址：231030新北市新店區北新路三段207-3號5樓
　　　　　電話（02）8913-1005　傳真：（02）8913-1056
發　　行　大雁出版基地
　　　　　地址：231030新北市新店區北新路三段207-3號5樓
　　　　　電話（02）8913-1005　傳真：（02）8913-1056
　　　　　讀者服務信箱 andbooks@andbooks.com.tw
　　　　　劃撥帳號：19983379　戶名：大雁文化事業股份有限公司
初版一刷　2024年6月
定　　價　460元
版權所有・翻印必究
ISBN 978-626-7382-97-4

Printed in Taiwan・All Rights Reserved
本書如遇缺頁、購買時即破損等瑕疵，請寄回本社更換